Sinfonia celestial

Mensagens de Deus que enlevam o coração e a alma

A.W. TOZER

Título original: *Twelve Messages
on Well-Known and Favorite Bible
Texts* (extraído da obra *Tozer Speaks,
Volume Two*).

© 1994 por Christian Publications, Inc.

© 2010 por WingSpread Publishers,
um selo da Moody Publishers
(Chicago, Illinois EUA).

1ª edição: fevereiro de 2024

TRADUÇÃO
Maurício Bezerra Santos Silva

REVISÃO
Luiz Werneck Maia (copidesque)
Francine Torres (provas)

DIAGRAMAÇÃO
Letras Reformadas

CAPA
Douglas Lucas

EDITOR
Aldo Menezes

COORDENADOR DE PRODUÇÃO
Mauro Terrengui

IMPRESSÃO E ACABAMENTO
Imprensa da Fé

As opiniões, as interpretações e os
conceitos emitidos nesta obra são de
responsabilidade do autor e não refletem
necessariamente o ponto de vista da
Hagnos.

Todos os direitos desta edição reservados à
EDITORA HAGNOS LTDA.
Rua Geraldo Flausino Gomes, 42, conj. 41
CEP 04575-060 — São Paulo, SP
Tel.: (11) 5990-3308

E-mail: hagnos@hagnos.com.br
Home page: www.hagnos.com.br

Editora associada à:

Dados Internacionais de Catalogação na Publicação (CIP)
Angélica Ilacqua CRB-8/7057

Tozer, A. W. (Aiden Wilson), 1897-1963

    Sinfonia celestial : mensagens de Deus que enlevam o coração e a alma /
A.W. Tozer ; tradução de Maurício Bezerra Santos Silva. – São Paulo : Hagnos,
2024.

    ISBN 978-85-7742-483-2

    Título original: Tozer Speak Twelve Messages on Well-Known and
Favorite Bible Texts (vol. 2)

    1. Sermões - Vida cristã 2. Vida espiritual 3. Fé 4. Jesus Cristo I. Título II.
Silva, Maurício Bezerra Santos

24-0106   CDD 252

Índices para catálogo sistemático:
1. Sermões - Vida cristã

Sumário

Prefácio 5

1. Existe algum atalho para a beleza da santidade? 7
2. Por que os homens recusam as águas da misericórdia? 27
3. Quem colocou Jesus na cruz? 45
4. Como pode um homem moral encontrar a verdade salvadora? 59
5. Que preço você paga por ser cristão? 83
6. Ficou sabendo do capítulo que vem depois do último? 107
7. Qual é o pecado mais grave da sociedade profana? 125
8. É verdade que o homem perdeu o direito a esta terra? 151
9. Será que você permitirá que a semelhança de Cristo seja reproduzida em você? 171

10. Cristão, será que você não está se depreciando demais? 197
11. Você ama ao senhor sem nunca o ter visto? 217
12. Será que haverá algum preguiçoso no céu? 237

Prefácio

AQUELES QUE ERAM AMIGOS E conhecidos do Dr. A. W. Tozer durante toda a sua vida conheciam suas convicções contundentes contra todo tipo de afirmações falsas ou atitudes fingidas na vida cristã e no ministério.

Aquele que ler estes sermões observará em vários capítulos a maneira pela qual o Dr. Tozer estava disposto a expor sua própria vida para afirmar a honestidade, a franqueza e a transparência cristãs tanto entre os ministros quanto entre os membros da igreja.

No capítulo "Que preço você paga por ser cristão?", o Dr. Tozer pediu à sua congregação que orasse por ele e pela integridade do seu ministério:

> Orem para que eu não chegue a um final cansativo — como um pregador consumido, cansado e velho, que só se interessa em encontrar um

lugar para descansar. Orem para que eu sempre valorize os padrões cristãos até o meu último suspiro!

Ele nunca perdeu esse espírito insistente em favor da integridade e da verdade. Poucas semanas antes de sua morte inesperada em 1963, o Dr. Tozer foi convidado por um membro da Associação Nacional dos Evangélicos (ANE) para discursar na convenção anual da entidade em Buffalo, no estado de Nova York.

Devido ao fato de não ter apoiado que a Aliança Cristã e Missionária fizesse parte da ANE, o Dr. Tozer perguntou com a franqueza que lhe era de costume: "Vocês acham mesmo que eu tenho algo a contribuir para esta convenção — ou tudo isso não passa de uma espécie de bajulação?".

Tendo plena certeza da integridade desse convite, o Dr. Tozer o aceitou de bom grado e apresentou um discurso memorável sobre o compromisso cristão à convenção dos representantes da ANE. Esse foi o seu último discurso ou apresentação pública sobre as declarações de Cristo fora do púlpito de sua igreja antes de sua morte em maio de 1963.

O Editor

1
Existe algum atalho para a beleza da santidade?

Levanta-te, vento norte, e vem tu, vento sul; assopra no meu jardim, para que se derramem os seus aromas. Ah! Venha o meu amado para o seu jardim e coma os seus frutos excelentes!

CÂNTICO DOS CÂNTICOS 4:16

GOSTARIA DE SER CAPAZ DE perguntar a todos os cristãos do mundo o seguinte: "Você realmente está interessado em que Deus produza em você os frutos lindos e as fragrâncias do Espírito Santo?".

Para cada resposta afirmativa, eu recomendaria rápida e exatamente isto:

Então observe a sua própria disposição de ser constante nos hábitos de uma vida santa — porque as flores e as frutas não crescem do nada. Elas crescem a partir de uma raiz e a "raiz dos justos produz seu fruto".

Todo lindo jardim que se vê, cuja fragrância se adianta para lhe saudar, possui raízes profundas no solo firme. As lindas flores e os brotos crescerão, aparecerão e florescerão somente se tiverem raízes profundas e hastes fortes. Quando se tira as raízes, os brotos e as flores possivelmente só durem mais um dia. O Sol os secará, e eles morrerão.

Ora, nós, cristãos, em nossa maioria, reservamos a maior parte do nosso interesse pelo fruto, pelo tempero e pela beleza do jardim. A maioria de nós vamos à igreja, penso eu, pela mesma razão simples pela qual uma criança corre para os braços da mãe depois de um longo dia brincando, com muitas quedas, choques, medos e frustrações. O filho quer consolo.

Parece que a maioria das pessoas vai à igreja para obter consolo. Na verdade, passamos a viver em uma época em que a religião frequentemente serve de consolo. Agora estamos nas garras da cultura da paz — paz na mente, no coração, na alma, e queremos descansar e deixar que o grande Deus todo-poderoso nos dê um cafuné e nos conforte. A religião hoje não passa disso.

Além disso, existe outro item que leva as pessoas para a igreja: a ameaça de que, se você não for bom, a bomba nuclear dará um ponto final na sua civilização moderna.

Essas parecem ser as duas únicas motivações que sobraram em todo o mundo religioso. Os líderes o alertam que a civilização será destruída se você não for bonzinho e a bomba levará a todos, e se você não vier para o Senhor, você nunca terá paz!

Portanto, entre o medo e o desejo de ganhar um carinho e um aperto no queixo e ser mimado, o cristão confesso vai empurrando a vida com a barriga.

Meus irmãos, existe coisa melhor do que isso, algo que realmente tem raízes.

Segundo a minha Bíblia, existe um povo de Deus — eles não precisam pertencer somente a uma igreja — mas deve existir um povo chamado pelo Senhor Deus e sujeito a uma experiência espiritual dada por Deus. Depois eles devem aprender a andar no caminho da Verdade e no caminho da Bíblia, dando frutos de justiça de um filho de Deus, independentemente das condições que estejam vivendo neste mundo.

Eles sabem que aqueles que só podem destruir o corpo não são importantes — somente aqueles que destroem a alma. Não se pode desintegrar um homem, um santo de Deus, com uma bomba, porque ele vai passar a estar imediatamente com o seu Senhor. Os inimigos de Deus mataram muitos cristãos e os enviaram rapidamente para estarem com o Senhor. Eles deixaram seu corpo como algo imundo, mas a alma desses homens e mulheres passaram imediatamente para a presença do Senhor.

Então existe a questão do consolo constante e da paz — a promessa de sempre se sentir relaxado, descansando e tendo bons momentos interiores.

Digo que isso tem sido cultivado como o objetivo adequado a ser buscado no dia mau em que vivemos. Esquecemos que o nosso Senhor era homem de dores e experimentado nos trabalhos. Esquecemos as lanças de tristeza e de dor que atravessaram o coração de Maria, mãe de Jesus. Esquecemos que todos os apóstolos com a exceção de João foram martirizados. Esquecemos que houve 13 milhões de cristãos mortos durante as duas primeiras gerações da era cristã. Esquecemos que eles padeciam na prisão, que passavam fome, eram jogados em penhascos, lançados aos leões, afogados, amarrados em sacos e lançados ao mar.

Sim, queremos esquecer que a maioria das pessoas maravilhosas dos primeiros dias da igreja não teve paz mental, nem mesmo a buscava. Eles sabiam que o soldado não vai à guerra para descansar — ele vai para lutar. Eles aceitavam sua posição na Terra como soldados no exército de Deus, lutando juntamente com o

Senhor Jesus Cristo na guerra terrível contra a iniquidade e contra o pecado. Não se tratava de uma guerra contra as pessoas, mas contra o pecado, a iniquidade e o Diabo!

Havia muito sofrimento, muito coração partido, muitas feridas dolorosas, muitas lágrimas caindo pelo rosto, muitas perdas e muitas mortes.

No entanto, existe algo melhor do que se sentir confortável, e os seguidores de Cristo deveriam descobrir isso — é isso que os cristãos pobres e acomodados da nossa época deveriam descobrir! Existe algo melhor do que se sentir confortável.

Nós, os protestantes, esquecemos completamente que existe disciplina e sofrimento. Vivemos em uma economia que nos capacita a ter o que precisamos. Vivemos debaixo de um sistema político que nos capacita a acreditar no que quisermos, ou mesmo não acreditar em nada, e mesmo assim não ter nenhum problema com a lei. O resultado é que criamos uma religião de vinho doce na qual podemos perambular em um estado de embriaguez prazerosa.

Ora, será que é isso que Deus realmente quer que os homens e as mulheres façam?

Claro que não! Deus quer gerar em nós o fruto do Espírito — amor, alegria, paz, longanimidade, benignidade, bondade, fé, mansidão e temperança. O apóstolo Paulo deixou bem claro em suas palavras aos efésios que Deus quer realizar algo em cada um de nós que nos faça amar a todos, de modo que toda a amargura, ira, gritaria e maldade seja expurgada do nosso meio, garantindo que sejamos bondosos e ternos uns para com os outros, perdoando uns aos outros assim como Deus nos perdoou por intermédio de Cristo.

É isto que Deus quer que nós façamos: que despertemos a semelhança de Cristo no coração e na vida do homem redimido. Esse é o propósito de Deus — não é o de fazê-lo feliz, embora ele tenha grande chance de ser feliz quando se encontra nessa condição. Não é o de tornar a sua civilização segura, apesar de que, se houvesse pessoas como essas em número suficiente no mundo, a civilização teria uma chance maior de sobreviver.

Por isso, essa é a nossa dificuldade, meus irmãos. Tentamos chegar aos frutos do cristianismo utilizando um atalho. É claro, todos querem paz, alegria e amor, bondade, benignidade e fidelidade. Todos querem ser conhecidos como pessoas espirituais, próximas de Deus, que trilham pelo caminho da verdade.

Portanto, é esta a resposta. Toda flor e todo fruto tem uma haste e toda haste tem uma raiz, e, muito antes de existir qualquer broto, tem de haver um cultivo cuidadoso da raiz e dos ramos. É aí que está o equívoco — achamos que podemos obter as flores, a fragrância e o fruto por alguma espécie de mágica, em vez de nos dedicarmos ao seu cultivo.

Existe algo melhor do que se sentir confortável, preguiçoso e relaxado, e Paulo é uma boa autoridade quanto a esse princípio: "Sede, pois, imitadores de Deus, como filhos amados; e andai em amor, como também Cristo nos amou e se entregou a si mesmo por nós, como oferta e sacrifício a Deus, em aroma suave". Essa é que é a semelhança a Cristo na vida e no coração humano — e o nosso próximo espera vê-la espelhado em nossa vida.

Ora, quero ser prático e ter os pés no chão, e quero mencionar algumas coisas que considero serem as raízes necessárias da vida cristã verdadeira, das quais surgem os frutos e as flores da espiritualidade profunda.

Estou pensando primeiro a respeito das raízes espirituais necessárias como a lealdade ou a fidelidade a Deus e à sua igreja, o corpo de Cristo na Terra.

Muitas pessoas se orgulham da sua lealdade à sua própria denominação, mas eu me refiro a algo maior e mais básico do que isso. Eu me refiro a uma identificação leal em espírito de oração exatamente com a causa e a verdade de Jesus Cristo como Senhor a ponto de estarmos dispostos a nos sacrificarmos por ela. A maioria das igrejas cristãs já estão mostrando sinais de uma grande quebra na lealdade nestes tempos modernos.

Toda igreja deve ter os seus poucos que são completamente leais às implicações de Jesus Cristo realmente ser o Salvador e Senhor, e que estejam dispostos a sofrer, se necessário, pelo seu amor e pela sua fé.

A lealdade certamente é interligada à obediência, e fazemos muito bem em lembrar que Jesus prometeu a seus discípulos que Deus nos recompensaria por nossa fidelidade. Na parábola do reino dos céus, Jesus ensinou que o senhor, ao retornar do país distante, disse a seus servos fiéis: "Muito bem... entra no gozo do teu senhor".

Eu sei que a fidelidade não é um assunto muito dramático e que existem muitos entre nós na fé cristã que gostariam de fazer algo com mais impacto e um charme maior do que simplesmente ser fiel. Mesmo em nossos círculos cristãos, a publicidade é considerada uma coisa grande e necessária, portanto temos a tendência de querer fazer algo que será reconhecido, e quem sabe ter a nossa foto no nosso trabalho. Graças a Deus pelos cristãos leais ou fiéis que só desejam receber um reconhecimento, que é ouvir o Senhor dizer naquele Grande Dia: "Muito bem... entra no gozo do teu Senhor".

É uma verdade clara que a bondade e a fidelidade estão na base de boa parte dos frutos que permanecem entre aqueles que professam ser filhos de Deus.

Na Palavra de Deus, o Senhor sempre deu um grande destaque à necessidade de fidelidade naquele que o ama e o serve.

Noé era fiel em sua geração. Se o velho Noé fosse fã de futebol, ou tivesse se aposentado bem cedo, ou tivesse outro interesse na vida acima da obra de Deus, não teria havido arca nenhuma nem a semente teria sido preservada, muito menos haveria raça humana sobre a face da Terra.

Abraão era fiel em sua geração. Se, em suas peregrinações, ele tivesse encontrado urânio ou ouro e desistisse da ideia de descer à Palestina e estabelecer um povo naquele lugar do qual Jesus Cristo teria vindo, o que aconteceria com o grande plano de Deus? Se Abraão tivesse mudado de ideia e construísse uma pequena cidade para si mesmo, se autonomeando prefeito dela e vivendo da gordura da terra, onde nós estaríamos atualmente?

Moisés era fiel em sua geração. As Escrituras não deixam nenhuma suspeita a respeito de seu espírito fiel nem sobre as ministrações fiéis de Moisés como homem de Deus para a sua geração — "preferindo ser maltratado junto com o povo de Deus a usufruir prazeres transitórios do pecado; porquanto considerou o opróbrio de Cristo por maiores riquezas do que os tesouros do Egito, porque contemplava o galardão".

O que precisamos dizer a respeito da fidelidade de nosso Salvador Jesus Cristo? O mundo o ameaçava por todos os lados. O Diabo sempre marcava presença com suas mentiras e tentações, oferecendo o mundo a Jesus se Ele não fosse para a cruz. Cristo, porém, foi fiel ao seu Pai e a nós. Será que não deveríamos ser fiéis a Ele? A fidelidade é uma raiz profunda e produtiva e dela vem muito fruto.

Quando olhamos para as nossas raízes espirituais, não ousamos descartar o destaque da Palavra de Deus à honestidade pura e direta e à bondade ordenada por Deus em nossa vida diária.

A honestidade que é digna de confiança e de respeito é uma flor bem cheirosa na vida do cristão. No entanto, a honestidade nunca surge do nada — é uma flor e uma fragrância que cresce e se desenvolve com um cultivo e um cuidado espirituais. Existe muito descuido com relação à verdade mesmo entre os crentes. Alguns realmente caíram no erro de enfeitar a verdade sobre certas coisas, até mesmo quando estão dando o seu testemunho cristão. Os pregadores e os evangelistas têm recebido a fama de exagerar os números e os resultados de suas assembleias cristãs.

Brincamos a respeito dessas coisas e perdoamos os irmãos alegando que seu exagero era só "evangelisticamente falando". No entanto, é preciso dizer para honrar a honestidade na vida diária, é preciso dizer que toda mentira vem do seu pai, o Diabo, seja ela dita em um culto na igreja ou em qualquer outro lugar.

A obra de Deus não precisa da muleta das mentiras religiosas. Em vez disso, devemos seguir o espírito do velho ditado: "Fale a verdade e envergonhe o Diabo!". Em nossa comunhão cristã, devemos ser conhecidos por ser perfeitamente francos e totalmente honestos, porque a honestidade possui a uma boa raiz que também produz outras virtudes admiráveis.

Você sabia que uma das coisas que impactaram a vida dos quacres originais foi a honestidade com que lidavam com a verdade? Eles não tinham o vício da mentira e não costumavam aumentar a verdade. Eles não costumavam roubar nem usavam palavras de bajulação. Alguém testemunhou na história a respeito da vida dos quacres e comentou que eles "impactavam o mundo cristão com a insistência em agir como cristãos". Na Inglaterra, eles eram geralmente marginalizados e levados à prisão porque insistiam em honrar somente a Deus e se recusar a se curvar a pessoas que não mereciam essa honra. Em meio aos cristãos confessos que geralmente agiam da mesma maneira que o mundo, os quacres honestos que honravam a Deus eram considerados estranhos porque buscavam ter a vida que o cristão deveria viver.

Muitas pessoas em nossa época parecem sonhar em ser grandes, enquanto existem muito poucas que passam algum tempo interessadas em serem pessoas melhores. A Bíblia nos conta sobre muitos homens bons, mas poucos deles eram considerados grandes. Um deles era Jabez, um homem bom do Antigo Testamento que é mencionado somente em três versículos. Saul e Acabe chegaram a ter cargos de liderança, e, embora eles tenham sido considerados homens grandes e importantes em sua época, eles estavam longe de ser homens bons.

A Bíblia deixa claro para nós que o nosso Senhor sempre deu destaque bem maior à bondade do que a grandeza. Na intimidade, o homem não possui uma natureza boa, e essa é a razão pela qual Jesus Cristo veio à Terra e executou o plano da salvação que faz com que o homem mau se transforme em um homem bom. Cristo morreu para nos purificar dos pecados anteriores, para nos dar um novo nascimento, para escrever os nossos nomes no Livro da Vida e para nos apresentar ao Pai na vida eterna.

Quando dizemos que Cristo morreu para nos tornar bons, não estamos sendo liberais em nossa teologia — estamos sendo bíblicos. Que avaliação melhor se pode dar a respeito de qualquer pessoa do que o testemunho de que ela foi boa e cheia do Espírito Santo?

Ora, permitam-me voltar à raiz de toda essa questão — será que somos cristãos dispostos a seguir a regra nos hábitos de uma vida santa, aprendendo assim com o Espírito Santo como ser confiável e fiel, altruísta e semelhante a Cristo?

As colheitas nos campos são regulares, e os pássaros e animais possuem uma regularidade na vida. Vemos essa regularidade no nascer e no por do sol, e nas fases da lua.

A própria revelação do Antigo Testamento foi construída com base na regularidade. Foi dito a respeito do velho homem de Deus que ele foi ao templo do Senhor na ordem do seu turno e tudo no templo era estabelecido com toda a ordem possível.

Deus também decidiu que essa ordem e regularidade teria um valor imenso na vida cristã.

Você deve aprender a ser regular em sua vida de oração, em sua contribuição para Deus e para a sua obra, e em sua frequência à igreja.

No entanto, existem muitas pessoas na igreja que dizem o seguinte: "Creio em Cristo, tive uma experiência espiritual e tenho a doutrina correta" — e depois disso surta e se torna inconstante, e ora de acordo com o impulso que sente no momento, vai para a igreja quando o tempo está bom, e fazem tudo com uma irregularidade extravagante. Não é de se admirar que eles não levem a doce fragrância do Espírito Santo quando vão adorar.

Isso se deve ao fato de que as pessoas têm negligenciado a raiz, de modo que as flores acabam morrendo.

A raiz da regularidade foi esquecida, fazendo com que as flores morram logo depois de se perder essa raiz.

Entretanto, posso ouvir alguém protestar dizendo: "Desejei ingressar na vida cristã, na fé espiritual, para que pudesse ser libertado da necessidade e da lei de ter que fazer todas as coisas de forma regular".

Bem, acho que você não entendeu nada, meu irmão! Acho melhor você fechar a Bíblia e ir embora, porque você está na igreja errada, na fileira errada e errou até na dispensação! O padrão de Deus é que seu povo aprenda hábitos santos regulares e os siga fielmente a cada dia.

Ele não nos pede que sejamos escravos de nossos hábitos, mas ele insiste para que nossos hábitos santos de vida sirvam à sua graça e glória.

Ora, é claro que esse tipo de ordem e regularidade na nossa vida cristã deve estar ligada à realidade da confiabilidade.

Repito que a natureza é o grande exemplo de confiabilidade. Se você planta milho, você colhe milho. Plante cevada, e você não estará colhendo nem trigo, nem milho; é cevada que você terá. Deixe a galinha chocar seus ovos e você terá frangos, não galinhas da angola. Cada animal se reproduz segundo a sua espécie.

Tudo é confiável na natureza — exceto o homem, e mesmo na sociedade humana existe certo grau de confiabilidade.

Se o seu carro falha algumas vezes, você se livra dele, porque você precisa de um carro confiável. Vocês, mulheres, sabem que a sua geladeira e o seu congelador devem ser confiáveis, porque senão sua comida estragará sem que se perceba.

O nosso sistema monetário precisa ser confiável, senão haverá um caos. O que aconteceria se o dólar valesse um dólar em Chicago, mas valesse somente 75 centavos em Milwaukee, 32 centavos em St. Louis e não se aceitasse dólares em Detroit?

Portanto, na sociedade temos de conviver com a confiabilidade, com o correio, com o leiteiro e com as escolas. Você tem de ser capaz de confiar em alguém. A coisa triste a respeito da confiabilidade na sociedade humana é que as pessoas, via de regra, são dignas de confiança ou confiáveis porque obtêm algo em troca.

O leiteiro não passa pela porta todo dia só porque ele é um bom companheiro; ele vem porque é pago para isso. O carteiro não entrega cartas por ter interesse em você e por esperar que você receba a carta da tia Mabel; ele é pago para fazer isso. As pessoas que fazem seu carro agregam confiabilidade a ele porque querem que você compre outro, o que não acontecerá se ele não for confiável.

Como é triste pensar que é somente no altar de Deus que os homens e as mulheres não podem ser confiáveis.

Por que é tão difícil encontrar pessoas *dentro* do santuário que são dignas de confiança?

A raiz da confiabilidade está morta na maioria das igrejas, exceto por uns poucos fiéis, e esses poucos acabam sofrendo na mão dos infiéis e traiçoeiros. Os poucos fiéis podem sempre receber cargos de confiança, portanto são criticados por quererem mandar.

Ora, gostaria de lhes fazer uma pergunta, e não se trata de uma pergunta inédita ou original. Pense sobre a sua vida religiosa, sobre os seus hábitos santos, a sua frequência à igreja, a sua contribuição para a obra do Senhor, ou sobre o seu padrão de confiabilidade durante os últimos 12 meses.

Agora, seja honesto consigo mesmo, e dê uma resposta que venha direto do coração: "Se todos nesta igreja fossem tão confiáveis como eu, onde a nossa igreja estaria atualmente?".

Essa é uma pergunta que devemos fazer de joelhos com lágrimas e tristeza, orando para que Deus nos ajude a ser confiáveis. Quando pedem que você faça alguma coisa, mesmo que seja alguma coisa simples, simplesmente faça. Parece que um grande número de pessoas só deseja realizar coisas dramáticas — ninguém quer ser conhecido como alguém confiável.

Se você viver esperando até que possa fazer algo com algum floreio ou charme, algo grande e de impacto na igreja de Deus, provavelmente nunca fará nada, e, se fizer, não passará de fogo de palha, um arco-íris sem sentido, que não possui nenhuma estabilidade no final.

Por que alguém não gostaria de ser confiável na obra de Cristo?

Irmãos, lembrem-se de que as doces flores são lindas de se olhar e possuem uma fragrância bem agradável, mas alguém tem de sair e se ajoelhar na sujeira, bem antes que qualquer botão apareça — adubando e cavando, voltando e fazendo a mesma coisa, observando o clima e regando quando fica seco demais, e cuidando dessa raiz.

Uma das raízes da vida cristã consiste na confiabilidade, e não se pode ter espiritualidade sem confiabilidade, do mesmo modo que não podemos ter uma begônia sem ter nenhuma muda.

Ora, esse é provavelmente o lugar para refletir também sobre a pontualidade na obra de Deus.

Não é estranho que o defeito que pode falir uma empresa, afundar um navio ou arruinar uma ferrovia possa ser tolerado no próprio altar de Deus?

Por que na igreja de Deus tão poucas pessoas se preocupam com a falta de pontualidade? O descuido que elas demonstram a respeito da obra de Deus poderia levar um negócio à bancarrota ou perturbar a economia, e se agissem assim com relação ao cuidado do corpo poderiam acabar com a própria saúde.

Ora, a pontualidade é algo bom, mas os professores de Escola Dominical não percebem isso. Muitos superintendentes ficam de cabelos brancos por causa da sua preocupação em escolher professores que cheguem no horário no domingo de manhã. Tudo o que fazemos para Deus deve ser feito com precisão admirável.

Temos um dever sagrado. Na igreja e na Escola Dominical, temos em nossas mãos o ensino das almas imortais. Temos de moldar o caráter, ganhar almas e fazer a obra de Deus.

Minha experiência é de longa data e tenho certeza de que geralmente as pessoas que não são pontuais não são espirituais. Se lhes falta tanto a autodisciplina, são tão egoístas e consideram o tempo e as pessoas tão pouco a ponto de não serem pontuais a serviço de Deus e da sua igreja, não há como esconder. Volto a repetir — se você não é pontual, você não é espiritual.

Todos podem ser justificados pelas emergências da vida — existem acidentes que às vezes podem impedir que alguém entre nós cumpra seus compromissos. No entanto, estou tentando expressar minha preocupação com aqueles que praticam a arte de viverem atrasados, de maneira que isso passa a ser um hábito na vida deles.

Não existe ninguém que seja importante o suficiente para justificar esse tipo de comportamento, e todo aquele que tem como hábito frequente não ser pontual pratica o engano e a falsidade. Ele diz que estará em determinado lugar — e depois não aparece!

A pontualidade é algo lindo. Não há rosa sem roseira, e a pontualidade é a árvore em que essa rosa cresce.

Portanto, o amor, a fé, a alegria e a paz podem florescer no coração do cristão. O caráter cristão e o doce sorriso do homem ou da mulher santa são lindos, mas essa vida santa não é fruto do acaso ou de algum mimo. Em vez disso, ele surge do ato de suportar cargas bem pesadas, pela atitude de colocar o jugo no próprio pescoço e dizer: "Em nome de Jesus, que carregou a cruz por mim, eu tomarei esse jugo de modo intencional".

Portanto, vamos decidir sermos pessoas boas e espirituais — e deixe as pessoas que vão atrás da grandeza seguirem o seu caminho. Busquemos primeiro a bondade, lembrando que a bondade brota das raízes da obediência, da oração, da leitura da Bíblia e da autoentrega. Amém.

2

Por que os homens recusam as águas da misericórdia?

Em vista de este povo ter desprezado as águas de Siloé, que correm brandamente...
Isaías 8:6

Existem na Bíblia muitas referências nas quais Deus usou as qualidades preciosas, vivificantes e sustentadoras da vida das correntes de águas para nos trazer um retrato verdadeiro e adequado da salvação graciosa e vivificante que Ele oferece a toda a humanidade.

Ele prometeu "eu lhe darei rios de água vida".

Você encontrará essas referências bíblicas à água, ao refrigério, à purificação e ao dar frutos em figuras de linguagem nos convites graciosos de Deus, algumas delas em termos poéticos.

Bem no último capítulo da Bíblia — no livro do Apocalipse — Deus nos diz que o Espírito e a noiva dizem: "Vem", acrescentando que quem quiser vir pode vir e "receber de graça a água da vida".

A referência histórica no texto de Isaías 8:6 trata das águas tranquilas de Siloé, uma corrente que às vezes é chamada equivocadamente de Siloã.

Diz-se que Siloé é a única corrente perene na cidade de Jerusalém, a única que não seca em alguma parte do ano. Parece-me que ela tem um nome lindo. O próprio Deus deve a ter chamado assim, porque Siloé significa "tranquilidade e descanso". As águas de Siloé são águas tranquilas, que pacificamente fluem de modo suave.

A Bíblia repete com frequências o que é importante e com certeza diz várias vezes para deixar bem claro que a água consiste em um dos recursos necessários e mais valiosos do homem. É sabido de longa data que três quartos da superfície terrestre é coberta por água e que o corpo humano é constituído por 70 por cento de água. Existe também um grande conteúdo de água em nossa alimentação. Sem água não haveria nascimento, nem crescimento, nem digestão, nem limpeza, nem plantas, nem animais, muito menos atmosfera. Se tirarmos a água da face da Terra, esse mundo não passaria de uma cabeça seca e sinistra voando sem parar e sem sentido por todo o espaço.

Entretanto, bem acima e além do interesse científico se situa a dependência de todos os fazendeiros e jardineiros da disponibilidade de água.

Eu me lembro que, quando era menino, achava que a camada de neve que cobria os campos secaria e congelaria o trigo e a cevada no inverno, mas meu pai costumava ser grato, não a alguém em particular, mas pela camada de neve que ficava sobre os campos. Ele sabia que uma boa colheita na primavera dependia muito da neve pesada que mantinha o solo quente e que o derretimento lento da neve no início da primavera proporcionava o tipo certo de umidade.

Em algumas partes do nosso país, a produtividade da terra árida depende completamente da disponibilidade de água para irrigação. Os fazendeiros em toda parte sabem que nada adiantará e tudo ficará bem desolado se não houver água. Os cereais, as frutas e os vegetais nunca surgirão sem o fornecimento necessário de água. O homem que cria seus rebanhos de animais se encontra na mesma situação — porque se ele não tiver algum acesso a água para o seu gado, ele não poderá usar seus locais de pecuária.

O viajante também sabe o que significaria ir ao deserto sem alguma reserva de água nem nenhum guia. Seria morte certa. A maneira mais simples de cometer suicídio, embora não seja a menos dolorosa, seria andar pelo Saara ou por algum dos outros grandes desertos do mundo sem nenhum guia e sem água suficiente.

Ah, a preciosa natureza da água! — tão preciosa quanto o nosso sangue, o qual em sua maior parte é composto por ela. Se não houver água, como no caso da necessidade fatal do deserto, haverá uma morte certa e silenciosa. Quando a morte se aproximasse, a língua da pobre vítima ficaria tão inchada, sua boca ficaria tão seca e seus lábios rachariam tanto que seria impossível articular qualquer palavra. Portanto, sem água, não somente haveria uma morte certa, mas haveria silêncio — uma morte que não teria nem mesmo a chance de ser regada a lágrimas.

Quando o Senhor se refere constantemente nas Escrituras às correntes de águas vivas que são preciosas e necessárias, Ele está tentando chamar à atenção e ao destaque às grandes necessidades espirituais do homem interior. Ele sempre espera que os homens e as mulheres deem ouvidos à sua verdade e às suas exortações, aprendendo que, se as fontes de águas são tão fundamentais para o bem-estar e para a saúde do homem exterior ou físico, será que a pessoa não deve ser mais sensível à oferta de Deus de correntes de vida espiritual para a parte imortal do seu ser, que é a alma?

Na verdade, encontramos uma grande preocupação hoje em dia com as necessidades físicas do homem por todo o mundo. Suponho que nunca houve uma época na história do mundo em que houve mais interesse no corpo humano do que a época atual. Podemos abrir qualquer revista ou periódico que encontraremos muitos artigos e muitos conselhos sobre o cuidado ao corpo, mas bem raramente encontramos qualquer auxílio para a nossa alma ou para o nosso espírito.

De fato, muitas pessoas estão enriquecendo por investir no nosso grande amor pelo nosso corpo físico. Devo confessar que quando leio sobre as várias maneiras pelas quais o corpo humano é arrumado, alimentado e paparicado, penso sobre o que foi divulgado a respeito das apresentações públicas de Júlio I, um touro Angus, nas feiras de gado.

Você pode não acreditar, mas os donos ou cuidadores de Julius I escovavam os dentes dele todos os dias. Eles enrolavam o cabelo na sua testa como um amigo jovem que se penteia antes de sair com sua namorada. Julius I não passa de um touro Angus, mas eles o penteiam, arrumam e verificam seu peso na esperança de que ele ganhe os prêmios principais no ringue.

Que retrato característico da nossa humanidade! Homens e mulheres se penteiam, se arrumam, recebem massagens, começam dietas, ingerem vitaminas, preocupados completamente com o homem exterior, o corpo físico. A ironia de tudo isso se expressa no fato de que no leilão de gado, Júlio I é avaliado em 16 mil dólares — e você sabe que ficaríamos bem longe de obter toda essa soma de dinheiro pelo nosso corpo, nem mesmo na juventude, no auge da força, da energia e da beleza!

Ah, é o homem interior que realmente importa, porque o homem exterior certamente perecerá e voltará aos elementos que lhe deram origem, mas o homem interior continua vivendo muito depois de o corpo físico se decompor por causa da morte.

Esse seu corpo, no qual você tanto pensa e que você se dedica tanto para cuidar, equivale somente ao tabernáculo exterior. Paulo nos fala sobre a importância do homem interior, e ele disse que estava disposto a permitir que o homem exterior morresse pouco a pouco para que o homem interior fosse renovado. Ao longo da Bíblia, Deus destaca o valor do homem interior, embora certamente não de forma a excluir o nosso cuidado pelo corpo físico. Fazemos bem em lembrar o equilíbrio escriturístico, porque a Bíblia realmente diz que "o corpo é para o Senhor". Com certeza colocaremos nosso destaque no lugar errado se nossa perspectiva for física demais, afirmando que o nosso maior interesse é pelo corpo.

Bem, sabemos com certeza que Deus se interessa bem mais pelo homem interior do que pelo seu tabernáculo exterior, portanto Ele nos dá água — água doce, as águas de Siloé que fluem de modo suave. Trata-se de águas tranquilas e pacíficas, e ele as concede ao homem interior.

Que verdade graciosa — a de que existe um homem interior e espiritual!

Jacó uma vez disse: "Descerei até a sepultura em luto pelo meu filho". E quando Jacó morreu e foi sepultado, eles podiam dizer onde estava o seu corpo. Jacó não disse que "o corpo dele desceria". Ele estava se referindo ao homem interior, a parte dele que equivalia à alma, que era o Jacó de verdade.

Na cruz Jesus bradou o seguinte: "Pai, nas tuas mãos entrego o meu espírito". Eles colocaram seu corpo no sepulcro, e ele passou três dias nesse lugar, mas o seu homem interior, o seu espírito, tinha sido entregue ao Pai.

Diz-se que Judas foi ao seu próprio lugar — mas sabemos o que aconteceu com o seu corpo. Ele foi enterrado em um campo, mas o próprio Judas foi para o seu próprio lugar. Havia um Jacó, um homem interior além do seu corpo, do mesmo modo que havia um Jesus além de seu corpo.

O corpo de Abraão tinha permanecido na caverna de Macpela debaixo do pó dos séculos quando um homem rico chamado Dives [segundo uma tradição] levantou os olhos do homem interior depois de sua própria morte e identificou o mendigo Lázaro descansando no seio de Abraão. Ele discerniu o verdadeiro Abraão — o homem interior imortal — no paraíso e aquele que tinha ido estar com ele era o verdadeiro Lázaro.

Irmãos e irmãs, existe um sentido verdadeiro no qual nunca nos conheceremos até que deixemos esse velho tabernáculo terreno cheio de ilusões. Existe um sentido no qual o nosso corpo serve de véu para que não enxerguemos um ao outro. Não temos certeza disso. Tudo o que podemos fazer é apertar as mãos e observar o rosto um do outro. A influência da mão ou do rosto é física — o nosso eu real, o homem interior, é mais profundo do que isso, e vai além de tudo isso.

Qual foi realmente o significado quando Jesus veio para o nosso mundo?

Ninguém deveria pensar nem por um segundo que Ele veio simplesmente para proporcionar uma paz mental entre os países, ou que se limitou a trazer prosperidade, de modo a que tivéssemos um alimento mais rico para comer, camas mais fofas para dormir e casas melhores para morar.

A Palavra de Deus não deixa dúvidas a respeito disso — Jesus veio para que o nosso espírito possa prosperar. Ele veio para que o homem interior, a nossa parte que é eterna e imortal, seja próspero. Ele morreu para abrir uma fonte de uma natureza tão graciosa que beber e participar dela indica uma transformação espiritual, nunca mais ter fome nem sede pelas coisas materiais e passageiras.

Ora, que água é essa, que flui suavemente com tranquilidade e descanso? Deus quer que tenhamos certeza — ou sabemos ou não sabemos do que ela se trata.

Se ela não existir, ela não passa de uma poesia que estou transmitindo para ganhar a vida.

Gostaria de lhe perguntar o seguinte: será que você não pode abandonar toda a poesia, e todas as figuras de linguagem, e todas as metáforas, e mergulhar em algo básico, concreto e real de modo que você possa dizer: "Obrigado, Senhor, porque existe misericórdia, perdão, purificação e vida eterna para a alma culpada, o homem interior que pecou!"?

> Ouvi Jesus a me dizer: "Ó, vem, descansa em mim;
> E no meu seio podes ter consolação sem fim."
> Então eu vim e lhe entreguei meu triste coração.
> Abrigo, paz, conforto achei; em Cristo achei perdão.
>
> Ouvi Jesus a me dizer "Da água viva eu dou;
> ó vem, de graça vem beber, pois eu a fonte sou."
> Eu vim a Cristo e me prostrei às águas e bebi;
> Jamais a sede sentirei, estando eu sempre aqui.

Essa é a misericórdia de Deus! A grande dificuldade do homem é que temos uma religião sem culpa, e a religião sem culpa somente tenta fazer de Deus um grande "companheiro" do homem. Porém, a religião sem culpa equivale a uma religião que não consegue escapar do inferno, porque ela engana e finalmente destrói quem faz parte dela.

A religião sem consciência de culpa é falsa. Se eu vier a Jesus Cristo sem nenhuma confissão de culpa, simplesmente para ganhar algum benefício, a condenação continua sobre mim, do mesmo modo que estava sobre os fariseus antes de mim. Entretanto, quando a minha culpa me leva a Jesus, então ela é removida de mim e eu encontro misericórdia. Ah, a misericórdia de Deus! Costumamos cantar a respeito dela, e espero que tenhamos consciência daquilo que estamos cantando: "Quão profunda é a mercê, porta aberta pra você".

A boa misericórdia de Deus — é como água para o sedento — o homem cuja culpa consciente e cujo pecado está lhe trazendo dor e angústia.

Esse sedento pode vir ao Senhor Jesus e beber das águas de Siloé — águas de misericórdia!

Meu irmão, você nunca terá paz interior até que reconheça a sua culpa. Trata-se de algo de que você não pode se esquivar nem evitar, porque você tem uma consciência e ela nunca lhe dará descanso até que você se livre dessa culpa.

A culpa deve ser tratada e retirada. Ah, é possível receber algum agrado ou mesmo alguma massagem teológica, um pequeno cafuné para dizer que está tudo bem, mas esse tratamento não remove nem a culpa nem a condenação. Os pecados que você achar que foram absolvidos pela religião sempre voltarão para o assombrar.

Somente o Redentor e Salvador Jesus Cristo pode perdoar e libertar da culpa — e os pecados que ele perdoa nunca voltarão para o assombrar porque você passa a ser filho de Deus — pelo menos enquanto o mundo existir. Ele perdoa e esquece, sepultando sua carga antiga de culpa, de modo que ela deixa de existir. Deus prometeu: "Não me lembrarei da tua culpa". Já que Deus é capaz de se lembrar de tudo, o único modo de interpretar isso é que Deus tira essa culpa e essa condenação da existência, para que de fato deixem de existir. O pecado que Deus perdoa não se constitui mais em uma entidade — foi extinto para todo o sempre.

Os cristãos conversam com frequência sobre a "cobertura" dos nossos pecados e sei que essa é uma expressão bastante utilizada. Eu mesmo já a usei, mas se trata de uma figura de linguagem — porque o pecado não é coberto. O pecador tem de ser purificado. Deixe-me explicar. No Antigo Testamento, o pecado era coberto enquanto eles esperavam que o Cordeiro viesse e morresse na cruz, mas no Novo Testamento os pecadores podem olhar de modo retrospectivo para a obra completa que já foi realizada por Cristo, o sangue que já foi derramado. Os pecados agora não são cobertos. Eles são purificados e perdoados. É por isso que o crente pode ter alegria e paz interior.

É aí que entra a água da graça, o fluxo de misericórdia para o pecador, atingido pela miséria e falido espiritualmente. A graça de nosso Senhor Jesus Cristo flui como as águas de Siloé — as águas tranquilas que estão à disposição de forma imediata.

Você sabia que as ovelhas não conseguem beber de uma água ruidosa e corrente? As narinas da ovelha são tão próximas da boca que, se ela começa a beber e a água corre, ela pode engasgar e até mesmo se afogar. É preciso que o pastor faça uma barragem naquela corrente até que se forme uma piscina tranquila, e a água corrente fique parada. Assim, o animal pode colocar seu focinho na água e beber sem engasgar nem ter falta de ar. Quando Davi escreveu que o Senhor é o nosso pastor, ele disse: "Leva-me para junto das águas de descanso".

A graça de Deus é como as águas paradas e tranquilas. A água flui de forma suave. Ó graça de Deus, como você tem sido ferida na casa de seus amigos! Graça de Deus, como você tem se tornado um fetiche diante do qual o homem moderno se curva em adoração. Como a doce graça de Deus tem sido usada para esconder quem o homem realmente é! Ela tem sido pregada de um modo que condena o homem em vez de salvá-lo, mas ela continua sendo plena e gratuita — essa é a graça de Deus!

Se Deus não nos pudesse estender sua misericórdia e sua graça, e nos tratasse exatamente como merecêssemos, só lhe restaria um procedimento a realizar. Ele teria de mostrar sua face irada durante a vida e teria que nos dar as costas quando morrêssemos. Isso aconteceria para os melhores seres humanos que já existiram, caso recebêssemos somente aquilo que merecemos.

Contudo, como é linda a graça de Deus! Ele, mediante o plano da salvação em Jesus Cristo, ultrapassa a qualquer mérito que tenhamos, é muito mais do que merecemos. Mesmo que os nossos pecados se tornarem uma montanha, é a graça de Deus que nos garante o perdão. Há pureza para o impuro, uma purificação graciosa e satisfatória — um elemento maravilhoso do cristianismo, já que foi revelado pelo próprio Senhor, e não por alguma teologia abstrata.

Vi uma capa de revista que retratava quatro homens. Tratava-se de um retrato incomum porque mostrava o homem mais jovem pregando o seu primeiro sermão, porque ele tinha acabado de sair da prisão onde ele tinha recebido a Cristo — um seguidor de Jesus remido, convertido e transformado, que naquele momento estava decidido a contar as boas notícias para os outros. Junto com ele estava o pastor da igreja na qual o jovem estava pregando, o advogado que tinha feito a acusação no seu julgamento, e o juiz que o tinha condenado à prisão. Muitos juízes e advogados admitirão que a maioria dos criminosos que voltam a uma vida feliz e útil é porque acontece uma purificação no sangue do Cordeiro, o poder de Cristo é que transforma o homem para purificar da impureza e transformar a vida e o caráter.

Isso é uma coisa linda — que uma pessoa que chegou a roubar carros possa se levantar com um grande sorriso nos lábios e uma Bíblia na mão, e testemunhar sobre o poder do evangelho cristão.

Os homens se perguntam: como isso é possível? Porque o sangue de Jesus Cristo purifica de todo o pecado. Porque existe uma purificação de fogo na mensagem cristã que pode tomar qualquer pecador, purificá-lo e fazer dele uma boa pessoa por meio de Cristo.

Como sou conhecedor do poder desse evangelho, estou disposto a reconhecer publicamente que preferia ouvir a pregação de um ladrão de carros que se converteu do que ser embalado até a morte por cavalheiros cheios de palavras educadas que reduziram o cristianismo a nada mais que uma psicologia do conforto. Mesmo os anúncios de suas igrejas agradam homens e mulheres com o apelo: "Venha para a igreja e seja consolado".

Irmãos e irmãs na igreja de Cristo, vocês não querem consolo nem conforto — você querem conhecer os fatos, vocês querem saber da sua posição diante do Deus todo-poderoso!

Há poucos dias, duas pessoas vieram ter uma conversa pessoal comigo para me dizer que a minha pregação os estava despedaçando, proporcionando-lhes quebrantamento e o desejo de algo melhor que Deus tem para eles em sua vida.

Acho isso bonito e graças a Deus que sou digno disso. As pessoas não devem vir a Cristo e à sua igreja com a expectativa de que todos os problemas espirituais sejam consumados no conforto e no consolo. Se todas as pessoas querem isso, encontrarão um grande número de pregadores esperando para os embalar no sono com o seguinte consolo: "Pode ir agora que a garrafa é sua".

Será que sabemos o dia de amanhã? Qualquer pessoa pode ter um ataque fulminante do coração e ser chamado dessa vida para o além. O que acontecerá com a nossa alma e para onde vamos — essas são as coisas que queremos saber com certeza. Seguindo a Cristo, desejamos saber como podemos prosseguir em santidade em uma vida santa e correta com Deus, dando as costas ao pecado e vivendo no Espírito.

O homem sempre enfrenta essas escolhas ou decisões quando o Deus eterno e amoroso fala com eles, sempre com misericórdia e paciência.

Tenho que confessar como pastor e ministro que tenho que dispensar muitas pessoas em alguns casos quando elas dizem: "Não conseguimos cultuar nesta igreja. O senhor é muito severo. Seus padrões são muito rígidos para o tempo em que vivemos. Sua mensagem é exigente demais!".

O meu único pedido de desculpas é o de não ser tão rígido quanto a Bíblia é de fato. Tenho que confessar que não estou à altura do padrão das Escrituras. Eu até tento, mas não consigo chegar lá.

Entretanto, de vez em quando, tenho que me despedir de alguém que diz que encontrou um tipo diferente de igreja: uma igreja mais tranquila, que se especializa no relaxamento.

O que Jesus nos disse? Ele disse que se não deixarmos tudo para o seguir com devoção ainda não estamos prontos para ser seus discípulos, e se não estivermos prontos para morrer por Ele, também não estaremos prontos para viver por Ele. O apito soará para nós um dia desses e então teremos de nos apresentar diante de Deus e contar como demos andamento à sua obra, e como nos comportamos com base no que Jesus disse.

Portanto, não podemos nos dar ao luxo de afrouxar os nossos padrões cristãos somente para manter o interesse das pessoas que querem ir para o inferno, mas que, ainda assim, desejam pertencer a alguma igreja. Já tivemos pessoas carnais, sensuais e amantes de si mesmas que quiseram invadir e controlar os grupos de jovens e nos liberar da nossa vida espiritual, dos nossos padrões e da nossa "rigidez".

Gostaria de saber por que as pessoas com esse tipo de postura querem ir à igreja. Não sei o que faria se decidisse comer, beber e me alegrar — nunca teria vontade de me reunir com pessoas que são dedicadas a Jesus Cristo e ao seu evangelho salvador. Se eu tivesse essa mente e essa disposição, e fosse a uma igreja, pelo menos iria até algum quartinho isolado e ficaria lá até o culto terminar.

Dou graças a Deus pelos homens e pelas mulheres cristãs que querem conhecer os fatos e a verdade que procedem de Deus com exatidão. Sou grato a Deus porque eles não estão somente procurando que alguém lhes dê uma massagem religiosa relaxante para o seu ego. Esses são os fatos — o sangue de Jesus purifica. Existe um elemento purgatório no cristianismo. Então há o Espírito Santo, o Espírito de Deus bendito que nos traz a paz e a tranquilidade das águas de Siloé.

O Deus vivo nos convida a essas águas, a única corrente perene do mundo, a única que nunca seca, e também a única que não transborda nem destrói.

Mas o profeta Isaías prossegue registrando o fato de que ele não conseguia entender a razão pela qual o povo de Israel poderia recusar as águas do Senhor que fluíam suavemente.

O profeta expressou sua incredulidade e o seu espanto: "Como é que pode? Israel recusa as águas suaves de Siloé que foram enviadas pelo Senhor; a corrente tranquila que sara e que traz paz ao coração e à consciência. Eles a recusam e, em vez disso, recorrem a seres humanos como eles".

Então Isaías passa a alertar que aqueles que recusam as águas paradas e tranquilas de Deus só podem esperar uma coisa — as torrentes transbordantes do juízo. Ele disse:

> Em vista de este povo ter desprezado as águas de *Siloé*, que correm brandamente [...] eis que o Senhor fará vir sobre eles as águas do Eufrates, fortes e impetuosas [...] com toda a sua glória; águas que encherão o leito dos rios e transbordarão por todas as suas ribanceiras.

Não acho que estejamos sendo sérios demais em nossa abordagem. Não acho que tenhamos feito declarações radicais que precisem ser modificadas com base na verdade do Novo Testamento que foi concedida por Jesus Cristo. Não acho que somos tão severos quanto o tratamento que teremos de Deus diante do juízo vindouro, porque foi o próprio Jesus que disse aos judeus de sua época: "O Pai... entregou ao Filho todo o juízo".

3

Quem colocou Jesus na cruz?

Ele foi traspassado pelas nossas transgressões e moído pelas nossas iniquidades; o castigo que nos traz a paz estava sobre ele, e pelas suas pisaduras fomos sarados.

Isaías 53:5

Existe uma conspiração estranha de silêncio no mundo atual — até mesmo em círculos religiosos — a respeito da responsabilidade do homem pelo pecado, da realidade do juízo, do Deus irado e da necessidade de um Salvador crucificado.

Por outro lado, existe um movimento aberto e poderoso se espalhando por todo o mundo criado para dar às pessoas uma paz mental absolvendo-as de qualquer responsabilidade histórica pelo julgamento e pela crucificação de Jesus Cristo. O problema com esses decretos e pronunciamentos modernos em nome da irmandade e da tolerância é o seu equívoco básico quanto à teologia cristã.

Uma grande sombra cai sobre todo homem e sobre toda mulher — o fato de que o nosso Senhor foi traspassado, ferido e crucificado por toda a raça humana. Essa é a responsabilidade humana básica da qual os homens estão tentando se afastar e fugir.

Não vamos culpar Judas nem Pilatos de forma eloquente. Não vamos afiar os lábios em Judas e acusá-lo dizendo que ele vendeu Jesus por dinheiro.

Vamos ter pena de Pilatos por causa da sua fraqueza, porque não teve coragem suficiente para defender a inocência do homem que ele mesmo declarou que não tinha feito nada de errado.

Não vamos amaldiçoar os judeus por entregar Jesus para ser crucificado nem isolar os romanos culpando-os por colocar Jesus na cruz.

Ah, com certeza eles tinham culpa! Mas eles não passaram de nossos cúmplices nesse crime. Nós e eles o colocamos na cruz, eles não ficaram sozinhos nisso. Essa malícia e essa ira que tanto abrasam o nosso coração hoje em dia também o crucificam. Essa desonestidade básica que surge em nosso ser quando se sonega e evade do imposto de renda que o coloca na cruz. O mal, o ódio, a suspeita, o ciúme, a língua mentirosa, a carnalidade, o amor carnal aos prazeres — tudo isso no homem natural se junta para o colocar na cruz.

Acho que é justo admitir isso. Cada um de nós na raça de Adão temos uma parcela de culpa em tê-lo colocado na cruz.

Tenho refletido com frequência sobre como um homem ou uma mulher que confessa crer em Cristo pode se aproximar da mesa da comunhão e participar do memorial da morte do Senhor sem sentir nem experimentar a dor e a vergonha da confissão interior: "Eu também estou entre aqueles que ajudaram a colocá-lo na cruz!".

Quero lhe lembrar que é algo característico do homem natural se manter tão ocupado com coisas sem importância que acaba sendo capaz de fugir das decisões a respeito dos assuntos mais importantes relacionados à vida e à existência.

Homens e mulheres se reúnem em toda a parte para conversar e discutir sobre todos os assuntos desde as últimas tendências da moda até Platão e a filosofia — mantendo o nível ou nem tanto. Eles falam sobre a necessidade de paz. Podem falar a respeito da igreja e de como ela pode ser um baluarte contra o comunismo. Nenhum desses assuntos envergonha ninguém.

Entretanto, toda a conversa para e o tabu do silêncio passa a pairar no ambiente quando alguém tenta sugerir que existem assuntos espirituais de suma importância para a nossa alma que devem ser discutidos e considerados. Parece haver uma regra tácita de etiqueta na sociedade que diz que, quando forem discutidos assuntos religiosos, tudo deve ser feito na estrutura teórica — "nunca deixe que descambe para o lado pessoal".

Em todo o tempo, existe somente uma coisa que se reveste de uma importância vital e duradoura — o fato de que o Senhor Jesus Cristo "foi traspassado por nossas transgressões e moído pelas nossas iniquidades; o castigo que nos traz a paz estava sobre ele; e pelas suas pisaduras fomos sarados".

Existem duas palavras extremamente fortes e terríveis nessa passagem — *transgressões* e *iniquidades*.

A palavra *transgressão* indica um rompimento, uma revolta contra alguma autoridade justa. Em todo o universo moral, somente o homem e os anjos decaídos se rebelaram e violaram a autoridade de Deus, e os homens ainda estão em franca rebelião contra essa autoridade.

Não existe palavra em nosso idioma que possa transmitir todo o peso e toda a força terrível que as palavras *transgressão* e *iniquidade* carregam. Mas na queda e na transgressão da parte do homem contra a ordem criada e contra a autoridade de Deus reconhecemos perversão, distorção, deformidade, tortuosidade e rebelião. Elas se acham todas presentes nesses momentos e, inegavelmente, refletem a razão e a necessidade da morte de Jesus Cristo na cruz.

A palavra *iniquidade* está longe de ser uma palavra boa — e Deus sabe o quanto nós a odiamos, mas não dá para ignorar as consequências dessa palavra.

O profeta nos lembra claramente de que o Salvador foi ferido pelas "nossas iniquidades".

Nós negamos isso com todas as letras, mas as impressões digitais de toda a humanidade se constituem em evidências claras contra nós. As autoridades não têm trabalho de encontrar e prender o ladrão incômodo que deixa suas impressões digitais nas mesas e nas maçanetas, porque elas atestam seu crime. Portanto, as digitais do homem se encontram em todos os porões tenebrosos e em todos os lugares viciosos ao redor do mundo — as, impressões digitais de cada homem estão registradas, e Deus sabe distinguir uma pessoa da outra. É impossível fugir da nossa culpa e colocar nossas responsabilidades morais em outras pessoas. Trata-se de uma questão extremamente pessoal — das "nossas iniquidades".

Ele foi ferido e moído pelas nossas iniquidades e pelas nossas transgressões. Eu nem mesmo gosto de falar a respeito dos detalhes das torturas que o feriram. A passagem realmente indica que Ele foi profanado e moído, marcado e manchado. Não foi ninguém mais e ninguém menos que Jesus Cristo que esses homens tocaram com suas mãos perversas. Eles arrancaram a sua barba. Ele foi marcado com seu próprio sangue, e foi manchado com a sujeira da terra. Entretanto, Ele não tinha acusado nem amaldiçoado ninguém. Esse era Jesus Cristo, aquele que foi ferido.

O grande peso e o equívoco espantoso de Israel eram cuidar que esse homem que foi ferido no monte que ficava do lado de fora de Jerusalém estava sendo punido por causa dos seu próprio pecado.

O profeta previu esse erro de julgamento, e ele mesmo como judeu estava dizendo: "Nós achamos que ele era ferido de Deus. Achamos que Deus o estava castigando por sua própria iniquidade, porque não sabíamos naquele momento que Deus o estava punindo por nossas transgressões e iniquidades".

Ele foi profanado por nós. Aquele que é a segunda pessoa da divindade não somente foi ferido por nós, mas foi profanado por homens ignorantes e indignos.

Isaías relatou que "o castigo que nos traz a paz estava sobre ele".

Como existem poucas pessoas que percebem que é essa paz — a saúde e a prosperidade e o bem-estar do indivíduo — que nos restaura com Deus. O castigo caiu sobre Ele para que nós, individualmente, pudéssemos experimentar a paz com Deus se for do nosso desejo. Entretanto, esse castigo estava sobre Ele. O castigo consiste na repreensão, na disciplina e na correção. Ele levou uma surra e foi chicoteado em público por ordem dos romanos. Eles o açoitaram e o castigaram do mesmo modo que açoitaram Paulo posteriormente. Eles o chicotearam e castigaram publicamente à vista de todos aqueles que o zombavam, e o seu corpo ferido e inchado que derramou sangue foi a resposta para a paz do mundo e para a paz do coração humano. Seu castigo nos traz a paz, mas quem levou os golpes foi Ele.

Suponho que não exista um castigo mais humilhante que foi criado pelo ser humano do que torturar um adulto com chicotes e flagelos à vista de todo o público. Já se calcularam muitas multas para aplicar sobre vários criminosos, mas não é incomum um transgressor se orgulhar de ter escapado delas. Entretanto, quando um homem é levado diante de uma multidão que zomba e ri dele, não veste nada acima da cintura e recebe uma surra sonora de chicote como uma criança — uma criança má —, ele morre de vergonha e não tem como se orgulhar. Ele provavelmente nunca mais será o homem mau e ousado que foi antes. Esse tipo de chicoteamento e de flagelação quebranta e humilha o espírito. O desgosto é pior do que o chicote batendo nas costas.

Digo por mim por ser um pecador perdoado e justificado, e acho que falo por uma multidão imensa de homens e mulheres perdoadas e nascidas de novo, quando eu digo que em nosso arrependimento só sentimos uma fração minúscula e somente uma pequena amostra das feridas e do castigo pelos quais Jesus Cristo passou quando tomou o nosso lugar em nosso favor. Um homem arrependido de verdade que percebe a enormidade do seu pecado e da sua rebelião contra Deus sente uma comoção violenta contra si mesmo — ele nem sente que pode ter a ousadia de pedir que Deus o livre. No entanto, a paz foi estabelecida, porque os golpes caíram sobre Jesus Cristo — que foi humilhado publicamente e tratado como um malfeitor comum, que foi moído e ferido e derramou sangue debaixo do açoite por pecados que ele não cometeu; por rebeliões das quais não participou; por causa da iniquidade na vida humana que consiste em um insulto a um Deus e Criador amoroso.

Isaías resume sua mensagem sobre uma expiação substitutiva com as boas novas de que "pelas suas pisaduras somos sarados".

O significado dessas "feridas" no idioma original não se constitui em uma descrição agradável. Indica ser realmente machucado e ferido até que todo o corpo fique preto e azul como uma ferida imensa. A humanidade sempre usou esse tipo de dilaceração humana de forma punitiva. A sociedade sempre insistiu no direito de punir o homem pelas suas transgressões. O castigo geralmente é adequado à natureza do crime. Trata-se de uma espécie de vingança — a sociedade se vingando da pessoa que ousou burlar as regras.

No entanto, o sofrimento de Jesus foi corretivo. Ele estava disposto a sofrer de modo a poder nos corrigir e nos aperfeiçoar, para que seu sofrimento não gere ainda mais sofrimento, mas para que esse início doloroso traga cura.

Irmãos, essa é a glória da cruz! Essa é a glória do tipo de sacrifício que estava no coração de Deus desde o início. Essa é a glória do tipo de expiação que permite que um pecador arrependido tenha uma comunhão pacífica e graciosa com o seu Deus e Criador. Essa glória começa com o sofrimento de Cristo e termina com a nossa cura. Começa com as feridas dele e termina com a nossa purificação. Começa com Ele sendo moído, mas termina com a nossa purificação.

Como se define o nosso arrependimento? Percebo que o arrependimento consiste principalmente no remorso pela participação que tivemos na revolta que feriu Jesus Cristo, o nosso Senhor. Além disso, descubro que os homens que verdadeiramente se arrependem nunca deixam de fazer isso, porque o arrependimento não equivale a um estado de mente e de espírito que se afasta logo que Deus concede o perdão e logo que acontece a purificação.

Essa convicção intensa e dolorosa que acompanha o arrependimento pode muito bem se acalmar dando lugar a um senso de paz e purificação, mas mesmo o mais santo entre os homens justificados passa por momentos em que, em retrospecto, pensa na sua parcela de culpa na tortura e no castigo do Cordeiro de Deus. Um senso de espanto ainda virá sobre ele, e algo ainda o impressionará — ele ficara impressionado que o Cordeiro que foi ferido transforma suas feridas na purificação e no perdão daquele que o feriu.

Isso me traz à memória um movimento gracioso em muitos dos círculos da nossa igreja evangélica — uma disposição de ir em direção a uma pureza espiritual do coração que foi exemplificada de forma tão eficaz por John Wesley em um tempo de sequidão espiritual.

Apesar do fato de que a palavra "santificação" se constitui em uma palavra boa, estamos passando por um momento histórico em que as igrejas evangélicas dificilmente ousam usar essa palavra por causa do medo de serem tachados de "santarrões".

Espero firmemente que não somente a palavra boa que é "santificação" retorne, mas que também retorne aquilo que a palavra significa na mente e no coração de Deus. O crente filho de Deus deve ter um anseio ou um desejo de ter mãos e coração puros para agradar ao Senhor. Foi para isso que o Senhor se permitiu ser humilhado, maltratado, dilacerado. Ele foi moído, ferido e castigado para que o povo de Deus fosse um povo purificado e espiritual — para que a nossa mente e os nossos pensamentos fossem puros. Toda essa provisão começou com o sofrimento dele e termina na nossa purificação. Começou com suas chagas profundas e abertas e termina no coração tranquilo e na conduta alegre do seu povo.

Todo crente humilde e fervoroso em Jesus Cristo deve ter seus próprios períodos de admiração e perplexidade diante deste mistério da divindade — a disposição do Filho do Homem para tomar nosso lugar no juízo e no castigo. Se essa admiração se perder, há algo errado e é preciso preparar o terreno novamente.

Gosto de lembrá-los com frequência de que Paulo, um dos homens mais santos que já viveram, não se envergonhava de seus tempos de lembrança e de admiração diante da graça e da bondade de Deus. Ele sabia que Deus não tinha conservado os pecados dele para sempre. Depois de saber que tudo isso tinha sido resolvido, o coração feliz de Paulo o confirmava várias vezes que tudo estava bem. Ao mesmo tempo, Paulo costumava balançar a cabeça de admiração de confessar o seguinte: "Sou indigno do meu chamado, mas, pela sua graça, sou uma nova criatura em Jesus Cristo".

Faço essa observação a respeito da fé, da certeza e da grande alegria de Paulo para dizer que, se esse senso humilde de penitência contínua desaparecer de nosso ser justificado, estaremos praticamente naufragando na fé.

Charles Finney, um dos maiores de todos os homens de Deus ao longo dos séculos, testificou que, em meio aos seus labores e atividades para levar pessoas a Cristo, ele sentia em alguns momentos alguma frieza em seu coração.

Finney não tentava justificar esse sentimento. Em seus escritos, ele contou que teve que deixar todas as suas atividades, buscando a face de Deus e o seu Espírito novamente em jejum e oração.

Ele escreveu as seguintes palavras: "Coloquei o rosto em terra até encontrar o fogo e encontrar Deus". Que fórmula útil e abençoada para os filhos de Deus comprometidos em todas as gerações!

Aqueles que fazem parte do Corpo de Cristo, que é a sua Igreja, devem estar conscientes de dois fatos básicos se quiserem ser alegremente eficientes para o seu Senhor.

Devemos ter o conhecimento positivo de que pelas suas pisaduras somos sarados, com a paz de Deus realizada por meio das suas feridas. É assim que Deus nos garante que estamos bem por dentro. Nessa condição espiritual, nós valorizamos a purificação que Ele realizou e não justificaremos nenhum mal nem nenhuma transgressão.

Nós também temos de manter dentro de nós um senso alegre e convincente de gratidão por aquele que foi moído e ferido por nós, o nosso Senhor Jesus Cristo. Que história de redenção — que o sofrimento de um só homem sarou os tormentos de muitos; que as feridas de um só homem sarou as feridas de milhões de pessoas; que as feridas de um só sararam as feridas de muitos!

As feridas e a violência que caíram sobre ele deveriam ter caído sobre nós, e nós somos salvos por causa dele.

Há muitos anos, um grupo histórico de presbiterianos tinham se impressionado pela maravilha e pelo mistério de Jesus ter vindo em carne para dar sua própria vida como oferta pelo pecado de todos os homens.

Esses cristãos humildes disseram uns aos outros: "Andemos calmamente, sondemos os nossos corações, esperemos em Deus e busquemos a sua Face pelos três próximos meses. Depois iremos à mesa de comunhão com o nosso coração preparado — a não ser que a mesa de nosso Senhor passe a ser algo comum e descuidado".

Deus ainda busca um coração humilde, purificado e confiante por meio do qual pode revelar o seu poder, a sua graça e a sua vida. Um botânico profissional da universidade pode descrever o arbusto de acácia do deserto de um modo bem melhor do que Moisés — mas Deus ainda está procurando por uma alma humilde que não se satisfaça até que Deus fale a partir do fogo divino na sarça.

Um pesquisador científico poderia ser contratado para se levantar e nos dizer mais a respeito dos elementos e das propriedades encontradas no pão e no vinho do que os apóstolos sequer poderiam imaginar. O nosso perigo, no entanto, é justamente este: podemos perder a luz e o calor da presença de Deus, e só nos restará o pão e o vinho. O fogo terá saído da sarça, e a glória deixaria de estar em nosso ato de comunhão e de companheirismo.

Não é tão importante que conheçamos toda a história e todos os fatos científicos, mas é imensamente importante que desejemos, conheçamos e cultivemos a presença do Deus vivo, que nos deu Jesus Cristo para ser a propiciação pelos nossos pecados; e não somente pelos nossos, mas pelos pecados de todo o mundo.

4

Como pode um homem moral encontrar a verdade salvadora?

Disse-lhe Jesus: Se queres ser perfeito, vai, vende os teus bens, dá aos pobres e terás um tesouro no céu; depois, vem e segue-me. Tendo, porém, o jovem ouvido esta palavra, retirou-se triste, por ser dono de muitas propriedades.

MATEUS 19:21-22

NUNCA SENTI QUE ERA MEU ministério expor pessoalmente ou desviar do rebanho as pessoas cujas visões religiosas acabam ficando bem aquém das exigências de Jesus Cristo no Novo Testamento, mas acredito que há um homem no registro do Novo Testamento cujo desmascaramento foi atrasado por quase dois mil anos.

É claro que me refiro à pessoa que ficou tão conhecida pelos estudantes da Bíblia e pelos ouvintes cristãos como "o jovem rico" que foi até Jesus para conversar sobre as palavras de vida eterna.

Com o passar dos anos, as congregações cristãs ouviram um número incontável de pregações nas quais esse jovem líder religioso tem sido retratado como um Sir Galaaz da sua época — "cuja força era bem grande por causa do seu coração puro".

De forma pessoal, acho bem impressionante lançar um olhar retrospectivo sobre os registros de especialistas e de pregadores e descobrir que as grandes fileiras de religiosos por todos esses anos ficaram longe de entender a maneira pela qual Jesus lidou com seu consulente.

Quase todos se posicionam ao lado desse jovem, aceitando a palavra dele como um testemunho válido quando ele disse: "Os mandamentos? Tudo isso tenho observado desde a minha juventude".

Ele disse que tinha guardado todos os mandamentos. Portanto, nisso se encontra um grande bordão para receber aplausos morais e, por séculos, esse homem sem nome tem sido pregado e elogiado como um expoente da moralidade e uma pessoa que busca a verdade com sinceridade.

Existem várias coisas que devemos reexaminar ao refletir sobre esse incidente na vida terrena de nosso

Senhor. Quem sabe o equívoco mais comum sobre "o mancebo rico" é a presunção de muitos de que ele era um líder político ou governamental, mas o registro do evangelho indica que ele era um líder religioso entre os judeus, provavelmente em uma das sinagogas. A palavra "administrador" não deve indicar um homem com coroa, cetro e manto — simplesmente significa que o homem era um dirigente, ou presidente, ou mesmo um líder de um grupo de adoração local.

Outra coisa que deve ser observada é que apesar de ele ser reconhecido entre as pessoas dos círculos religiosos, ele ainda estava tentando satisfazer as incertezas de sua própria vida interior. Eu menciono isso porque isso faz parecer que as coisas não mudaram muito nesses 2 mil anos. Pessoalmente, nunca se passa um ano sem que muitas pessoas de alta posição e de status nos círculos religiosos me procurem para conselhos a respeito de sua condição e dos seus problemas espirituais. O que quero enfatizar é o seguinte: não se trata de iniciantes na fé, nem mesmo de descrentes. Alguns até mesmo possuem uma posição alta no meio evangélico.

O que pode dar errado quando os líderes religiosos não têm certeza ou se sentem incertos, abalados e muito tristes? Digo que eles foram levados à fé cristã sem nenhum confronto quanto ao seu compromisso total com Jesus Cristo como Senhor nem nenhuma instrução que indique que a vitória cristã envolve uma entrega total do nosso eu e da nossa pessoa em nome de Jesus Cristo.

Ora, façamos uma revisão desse registro do evangelho: Este líder jovem, aproximando-se, perguntou a Jesus o seguinte: "Mestre, que farei eu de bom, para alcançar a vida eterna?".

Respondeu-lhe Jesus: "Por que me perguntas acerca do que é bom? Bom só existe um. Se queres, porém, entrar na vida, guarda os mandamentos".

Depois, olhando para a face de Jesus, ele perguntou: "Quais mandamentos, será que estás ensinando algum mandamento que eu já não conheça?".

A resposta que Jesus deu foi direta: "Não, estou falando sobre os mandamentos costumeiros que conheces como judeu religioso: 'Não matarás, não adulterarás, não furtarás', não dirás falso testemunho — tu conheces todos eles'".

Foi nesse momento que o jovem, olhando para o rosto de Jesus disse: "Tudo isso tenho observado desde a minha mocidade; que me falta ainda?".

Depois Jesus lhe deu a oportunidade para uma decisão espiritual — a oportunidade da abnegação, o privilégio de colocar as coisas espirituais acima das materiais, a entrega completa de si mesmo por ser seguidor e discípulo de Jesus, Filho de Deus, a provisão messiânica para os homens perdidos.

Depois passamos para uma das declarações tristes e depressivas do registro do Novo Testamento: "Tendo, porém, o jovem ouvido esta palavra, retirou-se triste, por ser dono de muitas propriedades".

Vamos observar uma grande verdade neste contexto — a vida e a prática religiosas nunca proporcionam a certeza eterna pela qual o coração anseia. Esse jovem era um dos líderes religiosos, mas, mesmo assim, veio a Jesus para falar sobre o vazio em seu próprio ser. Ele queria mais do que uma simples conclusão deduzida a partir de alguma passagem. Sem dúvida, ele estava procurando pela certeza em seu próprio coração de que ele tinha entrado em um estado de bênção eterna — ao qual nos referimos agora como a certeza da vida eterna.

Esta foi sua pergunta para Jesus: "Que coisa boa tenho que fazer?".

Lembre-se de que nosso Senhor Jesus Cristo nunca estudou os livros, mas era mestre em tratar as pessoas. Ele era um mestre psicólogo, o que indica simplesmente conhecia os caminhos do homem e como a mente deles funciona. De qualquer modo, esta é a base da psicologia verdadeira.

Jesus ouviu o que aquele jovem dizia e imediatamente foi capaz de avaliá-lo. Jesus sabia que ele era um líder religioso. Jesus sabia que ele lia as escrituras hebraicas e que ele erguia suas mãos a Deus e liderava o povo nas suas orações tradicionais, mas Jesus também sabia que ele não estava satisfeito, que ainda se sentia muito mal por causa do vazio doloroso que tinha dentro de si.

Ao lidar com ele, Jesus o aceitou como ele era, e, quanto ao argumento, o aceitou da maneira que ele veio.

Jesus o relembrou: "Vieste me consultar, e já adiantas esta pergunta sobre teu relacionamento com Deus e com a vida eterna com base em fazer coisas boas para obter a vida?".

Ele prosseguiu: "O quanto essa coisa tem de ser boa? Sabes que só existe um que é bom e este é Deus, e se fores fazer algo bom o suficiente para levar Deus a lhe conceder o dom da vida eterna, quão boa tem de ser essa ação?

"Percebendo que só existe uma pessoa boa, e que não crês que sou Deus, pois me chamaste de bom mestre e bom professor sem perder o fôlego, que poderias fazer que seria bom o suficiente? Como poderás ser bom o bastante se só existe um ser bom e ele é Deus? Para ganhar algo de Deus conforme o Diabo diz, terias que fazer algo bom para que Deus aceitasse".

"Portanto, jovem, se insistires em querer comprar um ingresso, só tenho uma resposta: Guarde os mandamentos. Esse é o único caminho para chegar lá".

A resposta a Jesus foi esta: "Tudo isso tenho guardado desde a minha mocidade".

Ora, todos temos de concordar sem dúvida que este jovem guardou alguns mandamentos desde a sua mais tenra idade. Duvido que ele tenha matado alguém. Provavelmente ele nunca tenha cometido adultério. Suponho que ele nunca tenha precisado roubar. Provavelmente ele honrasse seu pai e sua mãe, porque os judeus geralmente faziam isso.

Esse homem tem sido elogiado com frequência nas pregações porque ele era o que chamamos de "homem moral". Permita-me que conte o que realmente significa ser um homem moral: ele é bom o suficiente para se enganar e mau o suficiente para se condenar.

Esse jovem não percebeu o perigo de ser um homem moral. Ele enganava a si mesmo — e, devido ao fato de sua bondade impedir que ele conhecesse a sua maldade, ele deu as costas para Deus e se afastou.

Em todas as épocas fica claro que muitos homens e mulheres se enganam ao aceitar a ideia de que toda religião está certa ou de que toda religião resolve.

Será que todo tipo de emplastro de mostarda é bom para tratar o câncer no corpo?

Será que todo tipo de alimento é bom para a saúde e para o crescimento de um bebezinho?

Será que todo tipo de avião surrado é bom para transportar homens e mulheres pelo céu, a milhares de metros de altura?

Não, meus amigos! Às vezes, ter alguma coisa é pior do que não ter nada. Francamente, preferiria muito mais não ter religião a ter alguma religião que fizesse o suficiente para me enganar.

Essa foi a ruína desse jovem rico. Ele tinha conhecimentos religiosos o suficiente para o iludir e o enganar. Ele era bom o suficiente para o fazer pensar que estava tudo bem com ele, para responder que obedecia às leis de Deus.

Agora chegou o momento de perguntar para você se ele obedecia as leis de Deus ou não.

A Bíblia diz: "Não terás outros deuses diante de mim".

Acredito que tanto os judeus quanto os católicos e os protestantes concordariam que tudo o que vem antes de Deus acaba se tornando um deus para essa pessoa, e tudo o que fecha a pessoa para Deus e fica entre sua alma e Deus equivale a um ídolo, um deus.

Esse homem conhecia muito bem o mandamento de que Deus deve ocupar o primeiro lugar em nossa vida. Mas ele era muito rico, e quando o Senhor colocou em seus próprios termos a questão de vender tudo e distribuir aos pobres, colocando Deus em primeiro lugar em sua vida e passando a ser um discípulo, ele deu as costas a isso.

Ele deu as costas para Deus porque tinha outro deus a quem amava, embora ele nunca admitisse isso. Ele era capaz de levar as pessoas ao louvor, à oração e às canções de Sião, mas, sem que elas soubessem, ele tinha um deus, um ídolo escondido. Quando as coisas apertaram, ele escolheu o deus de ouro em vez do Deus de seus pais.

Digo que o jovem rico não guardava a lei. Ele quebrava e destruía a primeira lei como um vidro no chão. Quando o Deus de seus pais o instruiu: "Venda tudo o que tem e siga-me", ele deu as costas e se afastou.

Repito que o Senhor resumiu todos os mandamentos em suas palavras: "Amarás ao Senhor teu Deus com todo o teu coração".

Quando este jovem foi confrontado com a questão fundamental de escolher entre seu amor a Deus e o seu amor à riqueza, ele se afastou porque tinha grandes propriedades. Portanto, ele desobedeceu e se rebelou contra esse resumo de todos os mandamentos de Deus.

Jesus também uniu o amor a Deus ao mandamento de que "amarás o teu próximo como a ti mesmo".

Mesmo enquanto esse jovem falava com Jesus, os pobres, os mendigos, os deficientes físicos e os famintos estavam todos ao redor deles. Homens e mulheres idosos na pobreza, criancinhas sem alimento suficiente, leprosos tentando encontrar raízes, gafanhotos e lesmas em um esforço para impedir que seu corpo que definhava nessa doença se desfizesse de uma vez.

Entretanto, mesmo sendo conhecedor da realidade da necessidade humana de milhares que nem se podem contar, esse homem conseguia se levantar no templo, orar e liderar uma canção em um esforço de glorificar a seu Deus e Abraão, Isaque e Jacó. Quando Jesus sugeriu, como uma condição de segui-lo, que ele distribuísse os seus bens terrenos, esse jovem simplesmente recusou.

Com certeza, ele não amava exatamente o próximo como a si mesmo. Contudo, aos seus próprios olhos, ele era um nobre cumpridor da lei. Ele podia se levantar e dizer a Jesus: "Tenho guardado tudo isso". Eu não acredito que ele estivesse mentindo — mas que ele estava terrivelmente enganado.

O último mandamento do decálogo diz a todos os homens: "Não cobiçarás".

Isso significa muitas coisas, porque a palavra "cobiçar" no restante da Bíblia, tanto no Antigo quanto no Novo Testamento, claramente indica querer alguma coisa com um desejo descontrolado.

Esse homem desobedeceu a esse mandamento de forma clara, bem quando Jesus lhe disse: "Distribui os teus bens, vem e segue-me — como Pedro e todos os demais. Podemos ser conhecidos como pobres, mas não devemos nada. Eu não devo nada. Vem e caminha comigo — porque está acontecendo uma regeneração".

No entanto, ele recusou. Ele não conseguiu deixar suas contas no banco nem suas propriedades. Assim, ele estava impregnado pela cobiça. Ele amava a si mesmo em vez de amar o próximo. Ele amava sua própria riqueza em vez de amar a Deus no seu íntimo. O Deus vivo não era o primeiro em sua vida e em seu amor — portanto esses mandamentos foram quebrados.

Existe uma lição importante para cada um de nós nesse contexto.

É perfeitamente viável para nós imaginarmos estar bem quando na verdade não estamos assim. É completamente possível manobrar a nossa alma pelo tabuleiro de damas da nossa consciência para fazer parecer que tudo está bem.

Era isso que esse homem moral estava fazendo em sua juventude enquanto Jesus falava com ele dando uma palavra de instrução. É bom notar que o nosso Senhor o confrontou de forma clara com as condições da salvação eterna: o reconhecimento total do pecado em vez de uma atitude defensiva, a confiança completa na pessoa de Jesus Cristo, e a entrega total e exclusiva do seu ser ao seu senhorio.

Na verdade, nunca houve outras condições estabelecidas para a salvação em nenhum lugar e em nenhuma época. Os homens com suas centenas de deuses fúteis ainda são como esse jovem — prontos a proclamar sua própria bondade mesmo afundados na quebra dos mandamentos.

O homem que se aproxima verdadeiramente de Deus com arrependimento e contrição de coração não elabora uma defesa com base no fato de não ter desobedecido a nenhuma lei ou a nenhum mandamento. Se ele realmente é penitente na busca do perdão, ele estará tão envolvido na culpa por ter desobedecido aos mandamentos e pelos pecados que está confessando que ele se prostrará diante do grande Deus todo-poderoso, tremendo e clamando com essas palavras: "Ó Deus, sou um homem impuro e pequei contra ti".

Lembre-se de que um bandido não é aquele que desobedece a todas as leis de seu país — ele pode na verdade ter ignorado, desrespeitado e violado apenas algumas delas. O bandido Jessie James pode ter transgredido somente algumas leis — aqueles que dizem "não matarás" ou "não furtarás", mas ele era um criminoso procurado, com uma grande recompensa para quem o encontrasse, mesmo havendo várias outras leis nos livros as quais ele não tinha violado.

Irmãos, quando venho diante do meu Deus como um fora da lei que volta para casa como o filho pródigo, depois de dar comida aos porcos, não discutirei nem farei barganha com Deus sobre os pecados que não cometi, nem mesmo terei consciência deles — devido ao fato de que desobedeci a alguma lei de Deus e cometi pecados que me sobrecarregam a ponto de me apresentar diante de Deus como se fosse o pior pecador do mundo.

A atitude defensiva de homens e mulheres "morais" é um dos principais problemas que o cristianismo enfrenta em nosso tempo. Muitos que estão tentando ser cristãos fazem esse esforço com base no fato de que eles não praticaram nenhuma das coisas más que os outros fizeram. Eles não estão dispostos a olhar com honestidade para o próprio coração, porque se fizessem isso, clamariam com a convicção de serem os piores dentre os pecadores.

Olhe para o relato do apóstolo Paulo. Ele deu uma olhada honesta em sua própria natureza pecaminosa, e o fato de que ele tinha cometido pecado repercutia tanto dentro dele que o rachava como uma casca de ovo.

Paulo podia testemunhar que, no que se referia a sua consciência, ele tentou honrá-la. Até onde era humanamente possível, por ser membro de uma das seitas mais exigentes, ele tinha se empenhado em obedecer às leis de Deus. Na verdade, ninguém poderia ir a público e tentar apontar os pecados terríveis e diários de Paulo porque, na maioria dos aspectos, ele era um homem forte, moral e nobre. Ele fez o melhor que podia em seu estado não regenerado, antes de conhecer a Jesus

Cristo. No entanto, com seu coração abatido, depois de experimentar a transformação que Cristo opera em nosso interior, Paulo confessou que viu a si mesmo do modo que Deus o vê: "Sou o maior dos pecadores. Tenho sido o pior pecador do mundo!".

Como Jesus Cristo nos proporciona uma mudança imensa nas nossas atitudes!

Devido ao fato de que Paulo finalmente viu a si mesmo como pior homem do mundo, Deus pôde fazer dele um dos melhores homens do mundo e da história.

O jovem rico nunca teve essa consciência do seu próprio pecado e indignidade. Ele ousou ficar diante de Cristo, a quem ele perguntou a respeito do caminho para a vida eterna, e continuou a se defender.

Ele disse: "Não sou nenhum pagão. Eu guardo as leis de Deus".

Ah, como ele estava errado! O próprio fato de ele afirmar que tinha guardado todas as leis de Deus o desqualificou instantaneamente para obter a vida eterna. Ele confiou em sua própria defesa moral em vez de reconhecer o seu pecado e a sua necessidade.

Permitam-me que fale agora sobre a questão da confiança na pessoa de Cristo.

Nenhum homem possui qualquer esperança de salvação eterna fora da confiança completa em Jesus Cristo e em sua expiação em favor dos homens. Em palavras simples, o nosso Senhor Jesus é a boia de salvação, e temos de ter o compromisso completo e verdadeiro de confiar nessa boia.

Podemos dizer também que o nosso Senhor e Salvador é a corda pela qual se pode fugir de um prédio em chamas. Não há dúvidas quanto a isso — ou confiamos na corda ou perecemos.

Ele é o remédio fantástico ou a medicação que cura todas as doenças e enfermidades — e se o recusarmos, morreremos.

Ele é a ponte do inferno para o céu — ou chegamos a essa ponte e a cruzamos pela sua graça ou permaneceremos no inferno.

Essas são comparações simples, mas que explicam a necessidade de uma confiança plena em Jesus Cristo — uma confiança absoluta nele.

Reflito sobre quantas pessoas em nosso tempo realmente confiam em Cristo dessa forma. Existem tantas pessoas que querem confiar em Cristo, mas também querem confiar em outras coisas. Querem confiar em Cristo acrescentando os seus próprios princípios morais. Querem confiar em Cristo acrescentando suas próprias boas obras. Querem confiar em Cristo para depois apontar para os méritos de seu batismo, ou de sua membresia, ou de seu serviço na igreja.

Permita-me dizer de forma direta que Jesus Cristo nunca se colocará ao lado de um sinal de adição. Se você insistir em acrescentar algo à sua fé em Jesus

Cristo, Ele se afastará de você com toda a dignidade. Ele sempre se recusará a ser considerado como termo de uma adição. Se a sua confiança reside no "algo mais" — algo que foi acrescentado —, então você não tem Jesus Cristo no coração.

O jovem rico achava que possuía todos os sinais de adição necessários. A verdade era que ele não possuía nada que era realmente importante.

Então, a salvação do homem envolve uma entrega total a Jesus Cristo. O nosso Senhor ensinou essa verdade fundamental ao longo de seu ministério terreno, portanto, não se trata de um conceito novo proposto para o homem rico. Jesus levou aquele homem com habilidade para um lugar onde ele podia contar de forma clara e simples sobre este fato importante da vida espiritual: "Não mantenha nada em sua vida que seja mais importante do que o próprio Deus; vem e segue-me com uma confiança e uma entrega plena".

Imagino também como muitos cristãos em nosso tempo se entregam de forma verdadeira e completa a Jesus Cristo como Senhor. Nós nos ocupamos muito em dizer as pessoas para "*aceitar* a Cristo" — e isso parece ser a única palavra que usamos. Assim, combinamos com a pessoa uma aceitação indolor.

Estamos dizendo às pessoas que a coisa mais fácil do mundo é aceitar a Jesus Cristo, e imagino o que aconteceu com a nossa teologia cristã que não contém mais nenhuma pista do que deve significar se entregar de forma íntegra e completa a Jesus Cristo, nosso Senhor e Salvador.

Acho que é um bom sinal que sentimos um incômodo e uma insatisfação entre os cristãos confessos a respeito de seu próprio estado espiritual. Acho que temos de começar tudo de novo com muitos deles porque eles nunca receberam nenhum ensino senão o de "aceitar a Cristo". Eles precisam da declaração clara das condições da salvação eterna: a convicção de pecado, a confiança completa em Cristo e a entrega total a Ele e ao seu senhorio.

A essa altura, o homem rico não estava interessado. Tratava-se de condições que ele não esperava nem podia aceitar. Portanto, lemos nas Escrituras: "ele retirou-se triste".

Perceba que ele, como todos os homens, tinha um interesse básico na vida eterna, mas havia outras coisas que ele queria mais. Não há dúvida de que ele tinha algum desejo de seguir a Jesus como Messias, mas havia outras coisas que ele desejava mais do que isso.

Permitam-me que indique agora algo que sinto a respeito deste jovem e de muitos outros como ele que vivem entre nós nos dias de hoje.

Não acredito que todas as pessoas que são descrentes e perdidas espiritualmente sejam descuidadas moralmente. Todos nós conhecemos homens e mulheres que se importam bastante com a vida, com as más condições e com a transformação dos padrões morais. Muitos deles trabalham, ensinam e tentam fazer o melhor que podem — mas continuam perdidos porque nunca conheceram as condições de Deus para a salvação eterna e não se entregaram a Jesus Cristo, nosso Senhor.

Não são somente os descuidados que perecem. Aqueles que são cuidadosos e se ocupam em muitas coisas boas também perecerão. O homem rico seguiu o caminho humano e pereceu, apesar de ele ter cuidado suficiente para vir a Jesus e perguntar pelo caminho da vida em uma consulta terna e reverente.

Ele era um homem religioso da sua época — mas estava perdido. Ele era um pecador, um transgressor da lei, um rebelde — e o Senhor rapidamente trouxe isso à tona.

De fato, é verdade que muitas pessoas fazem orações verdadeiras no seu caminho para a perdição. Em certo sentido, elas querem Deus, mas não o querem o suficiente. Elas têm interesse na vida eterna, mas estão mais interessados em outras coisas. Elas sabem que devem seguir Jesus com uma fé verdadeira, mas as outras coisas as impedem que elas tomem essa decisão.

Espero que Deus possa inflamar esse fato terrível em suas almas — a verdade de que homens e mulheres podem ser respeitáveis, religiosos, que cultivam a oração e são cuidadosos, buscam fazer as perguntas certas e conversam sobre religião, mas continuam perdidos!

Em nossas igrejas nos dias de hoje, sentimos que encontramos um verdadeiro tesouro se encontramos alguém que parece estar buscando a verdade de Deus com fervor. Na verdade, raramente encontramos pessoas que pareçam ser tão entusiasmadas quanto o homem rico que veio ao encontro de Jesus.

Eles não parecem estar vindo ao nosso encontro nas igrejas. Nós é que temos de ir atrás deles — brincar com eles, falar com eles sobre os seus esportes, tentar achar algum denominador comum, e depois dizer a eles com cuidado que, se receberem Jesus, terão paz de espírito, boas notas na escola e tudo ficará bem. Amém!

Ora, essa é uma verdadeira degradação do cristianismo moderno, e ela explica por que existem cristãos que se perguntam: "O que está errado comigo, meu irmão? Qual é o problema na minha vida?".

Eles não chegaram ao reino de Deus pelo arrependimento, nem pela confiança, nem pela entrega. O resultado é exatamente o que esperaríamos naqueles que caíram de paraquedas no reino de Deus, recebidos pelas bordas, entrando por alguma janela lateral. Não existe nenhum testemunho interno. Não existe segurança, nem paz interior.

Quando achamos que encontramos alguém que busca a verdade, ficamos satisfeitos e dizemos: "Isso é maravilhoso! Essa pessoa ficará bem, porque ela está buscando a Deus".

Aqui está o alerta, meus irmãos: se vocês pudessem ver todos aqueles que buscaram a verdade que estão no inferno hoje e que passaram a vida na terra nesta busca, você descobriria que muitos buscaram e encontraram o que tinham de fazer — mas se recusaram a cumprir essa condição.

Esse homem rico buscava a verdade. A igreja de hoje colocaria seu nome em um cartão e o teria contado nas suas estatísticas. Entretanto, ele se afastou, dando as costas à oferta e ao apelo de Jesus Cristo.

Qualquer pastor fiel lhe contará, com grande tristeza e preocupação, a história de jovens, homens e mulheres que se afastaram da igreja, do ensino bíblico honesto e da comunhão cristã calorosa para fazerem as coisas à sua própria maneira. Quando a velha natureza se manifestou, eles deram as costas a Deus e se afastaram. Eles fizeram alianças mundanas. Eles foram trabalhar em empregos em que não havia chance de agradar e glorificar a Deus. Eles voltaram para o mundo.

Ora, eles não se afastaram da casa de Deus por não quererem Deus, mas porque eles encontraram alguma coisa que queriam mais do que o próprio Deus. Deus deu a homens e mulheres a oportunidade para o livre arbítrio e para escolhas livres — e alguns estão decididos a ter aquilo que eles mais querem.

O jovem rico tomou sua decisão com base naquilo que mais queria na vida. A última coisa que sabemos sobre ele é o fato de que ele deu as costas para Jesus e se afastou. Ele estava triste sobre isso e lamentava, porque ele tinha grandes propriedades. No entanto, Jesus olhou para ele enquanto ele se distanciava e ficou triste também.

Aqueles que se afastam da comunhão cristã, saindo da igreja e do coral direto para os braços dos pecadores, na verdade não saem com alegria ou um grande prazer. Já conversei com alguns deles que voltaram para se aconselhar e me consultarem sobre alguns assuntos. Acredito que eles estavam tentando arranjar uma desculpa pastoral ou uma racionalização para a maneira que eles deram as costas para Deus.

Já cometi pecados no passado que acredito que o sangue da aliança eterna purificou e apagou para sempre, mas esse tipo de racionalização não se encontra entre eles. Posso dizer que nunca disse a outra pessoa: "Tudo vai ficar bem; não se preocupe", quando isso não era assim de fato. Existem muitas virtudes que não possuo como ministro, mas aqueles que deram as costas para Deus e quiseram que eu inventasse alguma desculpa descobriram que nunca conseguiram me abrandar quanto a isso.

As pessoas geralmente me procuram para descobrir onde eles perderam o segredo da vida cristã vitoriosa e alegre. Geralmente, descubro que elas querem viver em dois mundos. Querem ter uma vida santa como a do Dr. A. B. Simpson, mas ao mesmo tempo querem ser tão mundanos quanto os pagãos. Eles aspiram a santidade do piedoso McCheyne, mas se contentam em manter o padrão do mundo — e é impossível ter essas duas coisas ao mesmo tempo.

Admito que existem pais que me aconselham sobre o perigo de perder os jovens da nossa vida na igreja por ser fiel em pregar contra este presente século e o sistema mundano no qual vivemos.

Só posso dizer que estou preocupado e ficarei triste e chorarei ao lado da porta quando eles decidem se afastar, mas a culpa de eles se enganarem não será minha. Eu me recuso a enganá-los e levá-los à perdição, ensinando que é possível ser cristão e amar o presente século, porque simplesmente isso não é verdade.

Sim, você pode ser hipócrita e amar o mundo.

Você pode ser um líder enganado no sistema religioso e amar o mundo.

Você pode ser um cristão superficial, exibido e moderno e amar o mundo.

No entanto, você não pode ser um cristão bíblico verdadeiro e amar o mundo ao mesmo tempo. Ficaria muito triste em proclamar sozinho esse princípio, mas não mentirei a respeito disso.

O homem rico queria Deus, mas voltou para seu dinheiro e para suas propriedades. Ele estava triste consigo mesmo por ter de pagar um preço tão alto — o verdadeiro conhecimento da vida eterna — para manter as coisas que ele mais queria.

O que dizer dos homens e das mulheres entre nós que parecem estar satisfeitos em escolherem o mundo, dando as costas para Deus? Eles estão decididos a ter e manter o que eles mais amam, mas eles se entristecem por dentro ao saber o preço que terão de pagar ao seguir o próprio caminho. Eles escolhem e obtêm o que querem, mas ficam tristes por causa do Deus que abandonaram.

Nós ainda temos muitas pessoas como o jovem rico entre nós. Não é suficiente perguntar sobre o poder da vida crucificada ou da vida cheia do Espírito Santo. Não é suficiente desejar essa vida — ela precisa ser desejada e reivindicada acima de tudo o mais. É imperativo que haja uma entrega a Jesus Cristo para que ela aconteça. O indivíduo tem de querer a plenitude de Cristo com tanta vontade de modo que seja capaz de as costas para tudo o mais que importa em sua vida e caminhar direto para os braços de Jesus.

O homem rico perdeu a oportunidade dele. A máscara caiu, e ele deu as costas para Jesus Cristo. Ele ainda era um hipócrita, uma pessoa cobiçosa, um amante do dinheiro, um transgressor da lei. Acima de tudo, ele continuava sendo um pecador sem Cristo.

Ele teve de pagar um alto preço para manter aquilo que ele amava mais do que tudo. Na verdade, ele teve de vender Jesus do mesmo modo que Judas Iscariotes. Judas o vendeu por 30 moedas de prata. Não temos ideia em termos monetários, de terras e propriedades daquilo que o homem rico reteve em sua recusa de seguir a Jesus.

Não acho que fui sério demais nessa avaliação do que realmente significa ser um discípulo verdadeiro e dedicado de Jesus Cristo. Não acho que fui tão severo quanto o Novo Testamento, nem acho que disse tanto quanto Jesus disse quando estabeleceu as condições do discipulado no Novo Testamento.

E você? Se você busca Jesus com verdade, Ele está lhe dizendo: "Buscar a mim não é suficiente. Abandone aquilo que você considera mais importante na vida; e então vem e segue-me".

5

Que preço você paga por ser cristão?

Então, aparecerá no céu o sinal do Filho do Homem; todos os povos da terra se lamentarão e verão o Filho do Homem vindo sobre as nuvens do céu, com poder e muita glória.

MATEUS 24:30

É MUITO FÁCIL EM NOSSOS dias discernir uma incoerência gritante entre muitos cristãos evangélicos bem-vestidos e bem alimentados que proferem que estão aguardando a Segunda Vinda de Cristo, mas mesmo assim rejeitam qualquer sugestão de que a fé e o testemunho deles lhes custem alguma coisa.

Tenho chegado à conclusão de que, quando discutimos as escrituras proféticas e as promessas do Senhor

Jesus Cristo de que Ele voltará, temos de necessariamente examinar o tipo de amor que temos por Ele em nosso coração.

Se breve veremos sua face bendita, não devemos esperar que Ele examine a natureza verdadeira do amor e da adoração que expressamos?

A Bíblia deixa claro que o amor de muitos esfriará no período terrível de teste antes de Jesus voltar à Terra. Por isso, acho adequado enfrentar uma pergunta de autoexame: "Até que ponto o seu amor pelo Senhor Jesus Cristo é ardente, genuíno e significativo?".

Uma segunda pergunta vem logo em seguida:

"O que você está fazendo para provar o seu amor pelo Salvador? Qual é o preço real do seu amor e do seu testemunho de Jesus Cristo em sua vida diária?".

Confesso que um pregador não pode trazer esse tipo de mensagem para os leigos sem fazer um pedido de oração por si mesmo. Eu realmente acredito que estamos vivendo nos tempos em que Jesus disse que viria quando o amor e o interesse de muitos estivesse frio.

Vocês poderiam orar pelo meu ministério do evangelho? Não estou lhes pedindo para orar por coisas que as pessoas geralmente pedem para orar. Orem por mim com base na pressão dos tempos atuais. Orem para que eu não chegue a um final catastrófico — como um pregador exausto, cansado e velho, interessado somente em ter algum lugar para pousar. Orem para que eu tenha disposição para deixar que a minha experiência cristã e os meus padrões cristãos me custem algo até o último suspiro.

É impossível para nós descartar os ensinos claros de Jesus Cristo a respeito do fim desta era e do seu retorno à Terra. É impossível descartar o destaque de toda a Bíblia a respeito do plano de Deus para esta terra e a consumação de todas as coisas. Um percentual alto da verdade bíblica é realmente preditivo por natureza, contando-nos o que acontecerá. Algumas dessas passagens já se cumpriram, e outras ainda se cumprirão.

Quando o Concílio Mundial de Igrejas realizou uma de suas assembleias mais importantes em Evanston, fomos impactados pela importância incomum do tema "Cristo, a esperança para o mundo".

O que acabou acontecendo foi que muitos dos líderes norte-americanos e europeus desse concílio mundial ficaram envergonhados quando muitos representantes dos grupos internacionais interpretaram o tema como que dizendo que a esperança para o mundo reside na Segunda Vinda de Cristo à nossa terra.

Na verdade, os líderes ficaram envergonhados porque eles tinham descartado todo o destaque nas escrituras proféticas há anos, e porque negavam toda a realidade com relação a uma vinda visível e específica de Jesus Cristo a esta terra.

Posso pensar em pelo menos três razões pelas quais se fez um esforço extremo para conter as discussões e evitar que as delegações mundiais chegassem a alguma declaração definida sobre a Segunda Vinda de Cristo como a maior esperança do mundo.

Em primeiro lugar, existem muitos frequentadores de igreja e organizações eclesiásticas que têm suas próprias ideias para a sociedade e para as suas próprias nações. A profecia bíblica a respeito de Cristo não se encaixa em nenhuma dessas ideias.

Em segundo lugar, esses homens e os seus grupos sabem muito bem das implicações espirituais das profecias de Cristo, e acreditar sinceramente na vinda dele exigiria uma separação consciente desse sistema mundial e de suas práticas ímpias.

Em terceiro lugar, é a rejeição imediata de qualquer tipo de associação com a profecia bíblica literal por causa daqueles que se tornaram ridículos por insistir em suas próprias especulações fantásticas e por irem além dos limites da interpretação definidos pelas próprias Escrituras.

Algumas coisas básicas deveriam ser muito claras para todos. O nosso Senhor ensinou que Ele voltaria à Terra novamente. Os apóstolos que Ele escolheu ensinaram que o Salvador voltaria à Terra para reinar. Por séculos, os pais da igreja destacaram que Jesus voltaria à Terra como a esperança final e definitiva e a consolação da igreja cristã.

Na época da ascensão de Cristo, a mensagem angelical garantiu que "esse Jesus que dentre vós foi assunto ao céu virá do modo como o vistes subir".

A maioria de nós já teve contato com as explicações eloquentes daqueles que recusam qualquer interpretação literal das palavras proféticas.

Com o passar dos anos, muitos pensaram que a vinda de Jesus tinha se cumprido na destruição de Jerusalém. Isso é tão ridículo que eu nem vejo razão para tentar refutar essa teoria.

Outros se contentaram em acreditar que a promessa que Cristo fez de que voltaria à Terra se cumpre várias vezes quando os cristãos morrem. No entanto, as Escrituras ensinam claramente que, no grande plano de Deus para o ser humano e para a Terra, só haveria dois adventos — um, para morrer; e o outro, para reinar. Se Cristo estivesse cumprindo sua promessa de retorno à Terra cada vez que algum cristão morre, isso não daria base para as instruções claras que Ele deu a respeito de dois adventos sublimes e importantes para a Terra.

Bem, é evidente que ninguém pode estudar as implicações das escrituras proféticas sem perceber que em nossa geração estamos vivendo dias que não são somente sérios e terríveis, mas também dias importantes.

Dias sérios e importantes — dias dramáticos! Dias melhores do que eu e você imaginamos. Dias solenes nos quais devemos dar ouvidos às escrituras proféticas.

Ora, não estou dizendo que nenhum de nós pode se levantar, proclamar e fazer alguma previsão dos acontecimentos do mundo seguindo alguma linha do tempo. A Bíblia não possui um planejamento como a linha férrea local — que nomeia cada estação e informa a hora da chegada e da partida do trem.

Com isso, qualquer pessoa que diga que as Escrituras podem ser interpretadas dessa forma está distorcendo e interpretando a verdade profética de modo equivocado. A Bíblia é um livro de perspectiva e escopo amplos e grandiosos, e ela nos fala do futuro, mas com pinceladas grandes e abrangentes como um artista pintando o céu em um quadro. O tamanho seria tão grande que seria necessário recuar para um ponto remoto para o sentir e ter uma perspectiva. Não haveria lugar nesse quadro para detalhes ínfimos, já que se trata de pinceladas que começam com uma estrela e se estendem até a outra.

Portanto, não há como fazer uma previsão uns para os outros sobre o que virá amanhã. Nem mesmo os anjos sabem isso — só o nosso Pai no céu tem conhecimento disso.

Contudo, não é somente o mero companheiro, o homem comum que não tem condições de prever como as coisas serão no futuro — isso também acontece com os grandes líderes da sociedade mundial.

Os líderes, os grupos e os países geralmente acham que eles possuem algo ótimo, permanente e sublime adiante deles na sociedade humana, e, devido ao fato de que não embarcamos nessa onda e comentamos, em vez disso, que "isso também passará", recebemos de volta um olhar irritado com o comentário de que somos cínicos e pessimistas.

Permita-me dizer que é bem difícil ter um pensamento crítico no tempo em que vivemos e não sermos criticados por isso. É difícil ter opiniões próprias e não ser considerado um cínico. É difícil ser realista e não ser classificado juntamente com os pessimistas.

No entanto, conforme acontece com a maioria dos homens e dos seus métodos na sociedade, alguns meses ou geralmente alguns anos trazem uma perspectiva completamente nova. As pessoas que discordavam de você e se envolviam na torcida por algum esquema ou por algum discurso há seis meses provavelmente passem a questionar seus pensamentos e a ver a mesma questão exatamente como você previu.

Trata-se de algo maravilhosamente estimulante ser capaz de antecipar e prever somente um detalhe — mas essa mesma capacidade lhe renderá muitas críticas e hostilidade daqueles que possuem visão ou entendimento menores do que os seus.

Bem, os grandes homens da terra não deixam de ser seres humanos. Pensem naquilo que eles estariam dispostos a dar por um dom sobrenatural de prever os acontecimentos do futuro. Os líderes do mundo necessariamente devem ser grandiosos em alguns aspectos, senão nós estaríamos na liderança no lugar deles.

Entretanto, se eu não me engano, serão os grandes homens da Terra que clamarão para que as montanhas caiam sobre eles no dia do juízo vindouro, segundo o livro do Apocalipse.

Novamente, salvo engano, não houve nenhum homem que foi considerado grande na liderança e na capacidade humana que reconheceu a presença de Deus quando Ele foi encarnado no ventre da virgem. Nenhum deles reconheceu o que Deus estava fazendo. Depois, quando Jesus ministrou, somente as pessoas simples que o ouviram com prazer.

Acredito que existe algo inerente à fama, à grandeza e ao reconhecimento humano que concorre de forma sutil contra a sabedoria espiritual mais profunda da mente humana. Os líderes humanos geralmente não possuem uma visão espiritual diferenciada.

Os líderes na maioria dos países dão muita importância aos seus desejos e às suas campanhas pela paz. Existem poucas pessoas ao redor do mundo que não se interessam em países que sejam capazes de viver em paz e harmonia. Quem me dera que as nações trocassem suas armas e canhões por implementos agrícolas e por uma produção pacífica.

Entretanto, essas esperanças de paz são passageiras. Os líderes que fazem apelos pela paz e pela tranquilidade não fizeram a lição de casa no estudo da Bíblia e sobre o que ela tem a dizer sobre o futuro.

Mesmo os supostos diplomatas e chefes de estado possuem pouco conhecimento e muito menos controle sobre os incidentes corriqueiros que trazem conflito e violência entre as nações. Já circulou a história de que um dos oficiais do nosso Departamento de Estado disse o seguinte a outro ao chegar aos escritórios em Washington de manhã: "Bem, qual será a nossa política externa imutável a longo prazo do dia de hoje?".

Podemos até rir disso, mas isso ilustra a ideia de que os homens e os países passam por uma incerteza completa sobre os acontecimentos de cada dia. A estratégia nacional passa a ser uma espécie de jogo de conveniência — agimos ou reagimos conforme aquilo que o outro país fez ou disse. Nesse sentido, é como um jogo de xadrez entre as nações. Não se senta à mesa nem se pensa sobre todo o jogo de xadrez antes da hora. Tudo o que é feito ou que se é forçado a fazer é decidido a cada jogada, de acordo com as jogadas do adversário.

Só ouvi uma predição feita por um chefe de estado mundial nos últimos anos que foi absolutamente infalível: um comentário de que a próxima guerra seria travada no futuro.

Bem, não existem certezas, mas é grave perceber que, na verdade, este mundo atual com o seu grande estoque de armas e bombas não passa de um paiol de pólvora. Basta somente um sentimento de cobiça e ganância pelo poder ou algum momento de insensatez da parte de algum descuidado para jogar o fósforo que explodirá tudo de novo.

Onde recairá a culpa — sobre a política? Sobre a religião? Sobre a moral?

Acho que é possível que esses três elementos da vida nacional e da sociedade do mundo estão tão interligados que não podem ser separados.

Afinal de contas, a maior parte da essência de uma nação depende de sua formação e da sua herança religiosa.

Deduzimos a partir daí que a vida moral e os padrões de um país também seguirão o padrão de seu ensino religioso.

No que se refere à política de qualquer país, pode ter certeza de que as decisões políticas e governamentais muito provavelmente seguirão o padrão nacional que se vê nos ensinos e nos padrões religiosos e morais.

Todas essas coisas se encontram no lado humano e natural das suspeitas crescentes e das incertezas entre as nações — e não existe previsão humana que possa ser considerada como uma certeza para o futuro.

Entretanto, nosso Senhor Jesus Cristo possui uma palavra certa para nós, e a Bíblia realmente nos oferece uma palavra mais segura de profecia.

As palavras que Jesus disse a seus discípulos a respeito dos sinais e das evidências do seu retorno iminente no fim do tempo chegaram até nós por meio do registro das Escrituras.

No capítulo 24 do Evangelho de Mateus, observamos várias características da sociedade humana nos dias que precedem a sua vinda.

Jesus disse a seus seguidores para vigiarem no que diz respeito a um padrão crescente de delírios messiânicos. Ele os alertou dizendo o seguinte: "Porque virão muitos em meu nome, dizendo: Eu sou o Cristo, e enganarão a muitos".

Jesus continuou com os avisos dizendo que "levantar-se-ão muitos falsos profetas e enganarão a muitos" e "surgirão falsos cristos e falsos profetas operando grandes sinais e prodígios para enganar, se possível, os próprios eleitos".

Ora, Jesus não estava dizendo que esse aparecimento de falsos Cristos no final dos tempos seria alguma novidade, porque a história registra que esse tipo de fanático e de pessoa que se autoproclama profeta surgiu com alta frequência através dos séculos.

O destaque que Jesus deu foi o seguinte: haveria um grande número de Messias falsos, como se o final dos tempos e os tempos perigosos que surgiriam abrissem uma temporada propensa para esse tipo de proclamação enganosa.

Podemos esperar uma concentração maior desses falsos profetas quanto mais a Segunda Vinda de Jesus Cristo se aproxima e a angústia das nações aumenta. Estas são as promessas que ouviremos: "Eu sou o Cristo", "Eu tenho a resposta", "Eu posso trazer paz ao mundo", "Eu posso levá-los à utopia — a Terra Prometida", "Amanhã trarei o milênio — com prosperidade para todos".

Um bom número desses supostos "salvadores" será de religiosos. Outros com certeza serão políticos com promessas, plataforma de governo e tudo. O número deles aumentará na medida em que o mundo se apressa rumo à confusão do fim dos tempos.

Observamos também que uma parte do alerta que Jesus deu a seus discípulos se referia a guerra, violência, revoltas, fomes e pestes. Ele lhes disse: "ouvireis falar de guerras e rumores de guerras; vede, não vos assusteis, porque é necessário assim acontecer, mas ainda não é o fim. Porquanto se levantará nação contra nação, reino contra reino, e haverá fomes e terremotos em vários lugares".

Em todos os ensinos de Jesus a respeito das condições da Terra antes de sua vinda, existem indicações de uma dependência cada vez maior do poder militar entre as nações.

Alguns de nós viveram tempo suficiente para ver como o pêndulo da guerra e da antiguerra balança. Logo depois da Primeira Guerra Mundial, houve movimentos fortes antiguerra entre o povo de muitas nações. Muitos pregadores acharam bem adequado e conveniente assumir o protagonismo como pacifistas e líderes a favor da "extinção da guerra".

Por causa disso, o povo de muitas congregações eclesiásticas foram levados por líderes ministeriais a "colocar a guerra na ilegalidade" e que publicavam manifesto atrás de manifesto para provar que a humanidade aprendeu a sua lição mais importante com esse resultado: "Não haverá mais guerras!".

Por isso, uma geração começou a crescer na década de 1920 acreditando que nunca mais haveria uma guerra mundial. Portanto, vendemos nossa sucata para o Japão, ele a transformou em armas e bombas que foram jogadas de volta para nós em Pearl Harbor. Praticamente o mundo todo pegou fogo como uma casa em um cortiço, e esse fogo e essa destruição continuaram por todo os anos da Segunda Guerra Mundial. Depois, as famosas bombas atômicas foram lançadas sobre as cidades japonesas, e essa grande guerra chegou ao seu final custoso e terrível.

Então surgiu a Organização das Nações Unidas, e os homens e as nações garantiram a si mesmos mais uma vez: "A humanidade realmente aprendeu a lição desta vez — agora com certeza a guerra tem de ser criminalizada. Encontraremos um caminho melhor".

Agora me limitarei a fazer a seguinte pergunta: quem possui o poder por trás de praticamente todos os governos do mundo em nosso tempo?

Tenho certeza de que você sabe a resposta óbvia: os líderes militares!

Penso em retrospecto na história do nosso país. O nosso governo se firma no princípio de que os civis — o povo — governarão a si mesmos e comandarão o destino da nação. Durante muito tempo, a ideia de que tantas nações equivalessem praticamente a campos armados, com generais, almirantes e outros militares em pleno controle, enojava os norte-americanos.

Suponho que isso se deve ao tipo de mundo em que vivemos, mas pouco a pouco vemos uma mudança de destaque no governo. Os militares falam sobre a necessidade de orçamentos militares maiores, e os generais e os almirantes estão entre aqueles que indicam o caminho que temos de trilhar como nação. Isso é o suficiente para que os pensadores imaginem se estamos recaindo na situação em que a Europa se achava antes da grande eclosão da Segunda Guerra Mundial e da matança que deixou as nações europeias de joelhos.

Muitos acham fácil considerar os alertas de Jesus com a resposta casual de que a guerra se encontra na natureza humana, e eu questiono se já houve algum intervalo de 365 dias consecutivos desde a época de Cristo em que todas as nações, e todas as tribos, e todas as divisões da humanidade estivessem realmente em paz umas com as outras.

Irmãos, eu não acho que Jesus estava nos avisando a respeito de rixas ou pequenas brigas entre pequenos grupos tribais. Jesus teve a capacidade de prever a complexidade das relações internacionais dos últimos dias de nosso tempo; ele conhecia muito bem as condições entre as nações que poderiam começar uma Terceira Guerra Mundial bem infernal do dia para a noite.

Lendo novamente no capítulo 24 de Mateus, vocês encontrarão que Jesus avisou de antemão a seus discípulos o seguinte: "Nesse tempo, muitos hão de se escandalizar, trair e odiar uns aos outros".

Pensem comigo somente sobre todos os governos e nações totalitários no mundo atual. Que tipo de controle esses governos exercem sobre a vida das pessoas, os chamados cidadãos?

Uma parte vital da técnica totalitária de controle e de arregimentação das pessoas é o uso da deslealdade, do ódio e da traição dentro de cada núcleo familiar.

Minha opinião é que se todas as famílias da Rússia tivessem mantido o total interesse e lealdade uns pelos outros dentro do círculo familiar, o comunismo teria morrido em dez anos. Mas a linha básica real do partido está bem estabelecida, de modo a subverter a mente dos indivíduos para que eles estejam dispostos a se render e trair seus laços de família, bem como seus laços anteriores com a igreja e com o conhecimento de Deus.

Que tristeza e que perversão que milhões de meninos e meninas estejam dispostos a trair e vender seus pais para obter uma patente maior e uma condição melhor no partido.

Da mesma forma que no caso dos falsos profetas e dos falsos messias, Jesus não apresenta o ódio e a traição como uma nova manifestação entre os seres humanos. Jesus está destaca que quando isso acontecer nos últimos dias antes da sua vinda, será uma grande "temporada" mundial de traição. A filosofia da traição e da deslealdade está se tornando uma técnica aceitável e bem-sucedida em todo o mundo.

A perseguição está associada a essa filosofia na mente do homem moderno e Jesus disse as seguintes palavras a respeito da época do princípio de dores: "Então, sereis atribulados, e vos matarão. Sereis odiados de todas as nações, por causa do meu nome".

Não preciso enunciar para você o terror bem conhecido e o horror que tem marcado as perseguições que acontecem no nosso mundo desde que Hitler entrou na cena europeia e despejou seu ódio e sua fúria contra os judeus do mundo. Não tenho que documentar para vocês as perseguições, as arregimentações e as exigências que foram instituídas em nações modernas como a Espanha, a Argentina e a Colômbia. Não tenho que lhe dizer que a perseguição é uma das técnicas do totalitarismo, tanto na igreja como no estado. Jesus parecia estar apontando para uma "temporada" de uma filosofia de perseguição emergente como um dos sinais de sua vida iminente.

Falando a respeito dos últimos dias da nossa era, Jesus também instruiu aos discípulos que "por se multiplicar a iniquidade, o amor se esfriará de quase todos".

Jesus associa claramente a multiplicação da iniquidade na Terra com um afastamento espiritual e uma frieza entre o povo de Deus.

Voltamos a falar do fato de que Jesus não estava falando de tempos normais entre os homens, mas de uma "temporada" grande e concentrada de pecado e de ilegalidade, bem como de uma "temporada" de frieza e indiferença entre os que declaram ser religiosos.

Creio que Jesus queria nos dar uma sacudida!

Creio que Ele queria que levássemos a sério o significado disso tudo e o preço de manter as lâmpadas em ordem e acesas de modo brilhante em um tempo de grande ilegalidade e apostasia.

O nosso Senhor sabia que nesses tempos haveria aqueles em nossas igrejas que seriam simplesmente mostruários bem tratados de cristianismo — de classe média e bem de vida, satisfeitos com uma vida religiosa que não lhe custa nada.

Sim, mas nós damos o dízimo! Mas os nove décimos que ficam para nós continuam sendo cem vezes mais do que o nosso pai e a nossa mãe costumavam ter. É justo que demos o dízimo, porque é para a obra de Deus, mas, na verdade, isso não nos custa nada — não nos leva ao ponto de uma doação sacrificial. Um velho profeta de Deus há muito tempo disse algo para nós todos: "não oferecerei ao Senhor, meu Deus, holocaustos que não me custem nada".

Irmãos, o que a nossa fé e o nosso testemunho cristãos nos custou nesta semana?

Ah, sim, você foi à igreja duas vezes nesta semana. Entretanto, você não passou nenhum frio a mais do que se estivesse em casa — então isso não lhe custou nada. Você viu seus amigos e foi um prazer ir à igreja — isso nada lhe custou. Você deu o dízimo, mas lhe sobrou uma quantia para deixar no banco. Isso não lhe custou nada.

Será que não está na hora de enfrentarmos o fato de que a maioria de nós só faz para o Senhor e para a sua igreja aquilo que acha conveniente? Se for conveniente, pode contar conosco. Se não for, nos limitamos a dizer: "Desculpa, Pastor; eis-me aqui, mas envie outro".

É um fato geralmente aceito que a maioria dos cristãos protestantes servem a Deus por conveniência. Dizemos que acreditamos em coisas como a oração e o jejum, mas só os praticamos se for conveniente. Muito poucos entre nós estão dispostos a se levantar antes do nascer do sol como muitos católicos para marcar presença nas suas missas diárias.

Não estou sugerindo que devamos ser católicos, mas estou dizendo que temos grandes multidões de cristãos confessos que são o grupo mais esperto do mundo em viver uma religião que não lhe custe alguma coisa.

Estamos bem dispostos a deixar a parte do sofrimento, do derramar sangue e da morte somente para Jesus. Parece uma grande barganha para nós que simplesmente pela fé tomemos posse de todos os resultados da paixão e da morte. Damos tapinhas nas costas uns dos outros por fazer uma barganha tão vantajosa, e depois saímos por aí para cuidar dos nossos próprios hábitos e negócios convenientes.

Irmãos, percebo que essa mensagem não receberá muitos prêmios de popularidade nas fileiras cristãs, mas devo acrescentar isso com base nas minhas observações do estado atual da igreja: o cristianismo para o membro médio de igreja evangélica não passa de uma avenida para se divertir bem e com qualidade, com uma pitada de material bíblico e devocional só para acrescentar.

Está na hora de começar a sondar os nossos corações e nos perguntarmos: "Qual tem sido o preço da minha fé cristã? Será que estou oferecendo a Deus algo que não me custe nada em termos de sangue, suor e lágrimas?

Os membros de muitas igrejas cristãs ousam se orgulhar de fazer parte de uma "congregação com mentalidade missionária", deixando de perceber de alguma maneira que não se passa da mesma velha história de sempre — deixemos os missionários irem para o campo e sofrerem nos lugares difíceis — e isso parece ser verdade contanto que não nos perturbe em casa e que os missionários estejam dispostos a ir e suportar as dificuldades nas selvas de outros países.

As pessoas nas igrejas cristãs que colocam a própria conveniência, conforto e interesses egoístas acima das exigências do evangelho de Jesus Cristo com certeza precisam se ajoelhar diante de uma Bíblia aberta — e, se forem honestos ao sondar o próprio coração, eles ficarão chocados com o que encontrarão.

Ah, meus irmãos, será que esquecemos que foi a multidão arrogante e abastada da classe média que entregou Jesus para ser morto quando Ele veio ao mundo pela primeira vez?

Os pobres, os oprimidos e os marginalizados — eles o ouviram com prazer e creram nele. E quantos dos pobres e oprimidos do nosso tempo acolhemos nas fileiras da comunhão da nossa igreja de braços abertos?

Um publicano desprezado com seu nome e reputação repugnantes creu nele, e Jesus foi criticado por jantar com ele.

Contudo, a turma da classe média, na grande maioria religiosa, orgulhosa e egoísta, não cria nele nem o recebia.

Bem, não podemos terminar de falar sobre essas palavras de Jesus no capítulo 24 de Mateus sem destacar suas instruções de que "será pregado este evangelho do reino por todo o mundo, para testemunho a todas as nações. Então, virá o fim".

Não há dúvidas de que o alcance da atividade missionária cristã agora é bem maior e mais abrangente do que em qualquer época da história. Isso deve ser um ponto bem mobilizador para os crentes filhos de Deus, e uma fonte de força e estabilidade neste momento incomum e horrível em que vivemos.

Jesus disse que "o evangelho do reino será pregado".

Agora, deixe-me perguntar-lhes: O que é um reino que não tem rei? Embora os homens desta terra e os reinos deste mundo estejam em confusão e em competição constante, interessados em perseguições, deslealdade e traição, Deus está em seu templo santo e o seu trono está no céu. Em todas essas situações da terra, o Deus todo-poderoso está nos testando e provando.

Ele está testando as nações, os reis e os governantes dessas nações.

Nosso Senhor quer nos manter firmes nesses dias e nos pede para olhar para cima, porque existe um reino, e existe um Rei assentado em um trono eterno. Deus prometeu que cuidará do seu povo, e assim somos guardados, e recebemos nossa tranquilidade espiritual, mesmo no olho da tempestade que se aproxima.

Meus irmãos crentes, existem multidões em pânico e sofrimento por causa das condições mundiais que antecedem a vinda de Cristo como Rei dos Reis e Senhor dos Senhores, mas existe uma provisão especial para o corpo de crentes em Cristo, para aqueles que fazem parte da igreja dele, porque os anjos do Senhor se acampam ao redor daqueles que o temem, e os livram. Nós ainda não temos o entendimento celestial de todas as promessas de Deus, mas já houve tantos momentos em que os filhos verdadeiros de Deus que estavam em perigo foram cercados por uma muralha de fogo invisível que acabamos ousando descansar crendo no seu livramento.

Tenho de confessar que a minha alma se alegra nas palavras e profecias de nosso Senhor Jesus, porque eu sinto que Ele era capaz de contemplar o grande corredor de todos esses anos da história, vendo o futuro como que por um telescópio, e nos dizendo com tantos detalhes que podemos ter certeza de que Ele sabe de todas as coisas. Ele mesmo era Deus e tinha vivido todo o nosso amanhã quando andou pela Galileia, porque Ele é Deus eterno. Eu me alegro no conhecimento em meu íntimo de que Jesus Cristo, o Filho de Deus e o nosso Senhor que virá, será suficiente para todas as situações que viermos a enfrentar. Nunca nos desesperaremos juntamente com o sistema deste presente século enquanto estivermos fortalecidos com o nosso conhecimento de quem Jesus Cristo realmente é.

A Palavra de Deus é a base da nossa paz e do nosso descanso. Mesmo nessas horas perigosas e dramáticas...

> Deus é o nosso refúgio e fortaleza, socorro bem presente nas tribulações. Portanto, não temeremos ainda que a terra se transtorne e os montes se abalem no seio dos mares; ainda que as águas tumultuem e espumejem e na sua .fúria os montes se estremeçam [Salmos 46:1-3].
>
> Há um rio, cujas correntes alegram a cidade de Deus, o santuário das moradas do Altíssimo. Deus está no meio dela; jamais será abalada; Deus a ajudará desde antemanhã.
>
> Bramam nações, reinos se abalam; ele faz ouvir a sua voz, e a terra se dissolve.
>
> O Senhor dos Exércitos está conosco; o Deus de Jacó é o nosso refúgio. Vinde, contemplai as

> obras do SENHOR [...] Ele põe termo à guerra até aos confins do mundo" [Salmos 46:1-8].

Observe que se trata da força real e do domínio do nosso Senhor — não da ONU!

> Ele quebra o arco e .despedaça a lança; queima os carros no fogo. Aquietai-vos e sabei que ele é Deus! [Salmos 46:9].

Em outras palavras, tenha momentos de intimidade com Deus e com a sua Palavra todos os dias. Recomendo que desligue o rádio e a televisão e deixe sua alma se alegrar na comunhão com Deus e nas suas misericórdias.

> Aquietai-vos e sabei que ele é Deus! Ele será exaltado entre as nações. Ele será exaltado na terra. O SENHOR dos Exércitos está conosco; Não tema, pequeno rebanho — é o bom prazer do Pai que lhe concede o reino, e as portas do inferno não prevalecerão contra ele! [Salmos 46:10-11].

6

Ficou sabendo do capítulo que vem depois do último?

Não temais; porque sei que buscais Jesus, que foi crucificado. Ele não está aqui; ressuscitou, como tinha dito. Vinde ver onde ele jazia".

MATEUS 28:5-6

O RELATO SOBRE A VIDA de Jesus Cristo é a única biografia conhecida pelo homem que não termina com morte e sepultamento — é o único registro da vida de um homem que alegremente se apressa para o próximo capítulo que vem depois daquele que seria o último.

O livro de Mateus se constitui em uma biografia — literalmente, trata-se de um escrito a respeito de uma vida. Conta a história do nascimento, da vida e da morte de um homem, e por consentimento mútuo, incluiríamos o sepultamento. Todo homem sabe que quando os restos mortais do seu corpo são finalmente levados à sepultura, trata-se do momento em que se escreve o último capítulo da sua vida. O escrito sobre uma vida termina quando essa vida termina e no sepulcro a palavra "fim" encerra a obra humana. A palavra "mais" fica fora de cogitação.

Quanto a qualquer biografia comum entre os homens, se existir alguma anotação depois do sepultamento, ela deixa de ser uma biografia verdadeira. Ela passa a ser um comentário editorial, um resumo dos ensinos dessa pessoa, pode ser uma homenagem — mas não é propriamente uma biografia. O escrito sobre a vida de alguém termina quando sua vida termina, e isso é um fato pela lógica dessa necessidade triste. Isso se verifica em todas as terras, entre todas as pessoas e em todas as culturas.

Boa parte dos filósofos morais do passado ousaram sonhar sobre a esperança do amanhã, mas nunca conseguiram lidar com a finalidade da morte. Eles tinham sempre de levar em conta o fato de que quando uma pessoa morre e é sepultada ela deixa de conversar, de escrever, de pintar ou de viajar. Independentemente do quanto essa pessoa seja querida, ela não fala mais com seus amigos. Essa pessoa se foi, e isso finaliza a questão. Por isso, escrevemos a palavra "fim" depois da última palavra da biografia, e assim ela está encerrada.

A pessoa se foi e, com o seu falecimento, não dá para escrever mais nenhum capítulo. O último capítulo já foi escrito.

Enxergamos a biografia de Jesus com esse mesmo contexto factual. No livro de Mateus, vemos um resumo bem curto, porém se trata de uma biografia que segue o padrão que todas elas seguem.

Mateus começa com os antepassados de Jesus, partindo do próprio Abraão, e depois acompanha sua árvore genealógica até Maria. Depois de identificar a mãe de Jesus, ele conta o nascimento da criança e fala a respeito dos sábios que vieram Oriente para vê-lo. Daí Mateus passa rapidamente para a vida adulta de Jesus, o batismo com o Espírito descendo como pomba e pousando sobre Ele e o preparando para as tentações que Satanás o lançou no deserto.

Os capítulos seguintes descrevem o início do ministério público de Jesus. Mateus registra o Sermão do Monte e depois prossegue relatando os milagres de Jesus, a multiplicação dos pães para os cinco mil, a ressurreição dos mortos e a repreensão da tempestade. Existe um retrato claro do conflito de Jesus com os líderes religiosos hipócritas de sua época e do lento declínio da sua popularidade. Trata-se de um registro impressionante das pressões do ódio popular se aproximando para envolvê-lo como uma chegada gradativa da escuridão.

Vemos em seguida o relato da prisão de Jesus por parte dos seus caluniadores, e a maneira pela qual Ele é entregue aos romanos para ser crucificado. É no capítulo 27 de Mateus que Jesus é levado para o monte onde, ainda molhado com o suor misturado ao sangue da agonia da noite anterior, é cravado na cruz.

Passamos a acompanhar com alguns detalhes a história das seis horas tristes que se seguiram e a sua morte humilhante, quando sua cabeça cansada tomba no momento em que Ele profere as palavras "Está consumado!", Ele entrega o seu espírito — e se vai.

A biografia humana chega ao final. Os amigos pediram o corpo e o colocaram de forma cuidadosa em um sepulcro e os soldados romanos marcaram presença para colocar o selo oficial sobre Ele, de acordo com a lei romana. Jesus estava morto — os seus inimigos estavam satisfeitos e por isso voltaram a cuidar de seus próprios interesses.

Aqui se encerra a biografia humana. Esse Homem que tinha demonstrado ser da descendência de Abraão segundo a carne; esse Homem que tinha sido declarado Filho de Deus e provou isso por meio de seus milagres e prodígios; esse Homem que lutou e encontrou seu caminho com bondade, gentileza e amor em meio a aqueles que o odiavam por meio de três anos maravilhosos e terríveis ao mesmo tempo; este Homem que se dispôs em amor para morrer por seus inimigos agora tinha partido. A biografia humana termina no capítulo 27.

De modo surpreendente, encontramos mais um capítulo, e ele está lá porque, pela primeira vez na história, se fez necessário usar a pena novamente e se fazer um acréscimo — por se tratar de uma biografia autêntica.

O capítulo 28 de Mateus não consiste em nenhuma anotação, nem se constitui em notas de rodapé, muito menos se trata de um sumário. Não é um comentário editorial nem uma homenagem. Ele equivale a um capítulo autêntico na biografia de um Homem que tinha morrido no capítulo anterior.

Como é que pode acontecer isso? Esse Homem é encontrado conversando e se alimentando, caminhando e fazendo uma viagem com seus amigos a caminho de Emaús. Ele transmite verdades a respeito do reino de Deus e do seu próprio retorno, enviando homens a todo mundo para pregar o evangelho e testemunhar sobre a vida eterna.

Como é que pode? Os seus inimigos e o sistema mundial tinham selado a sepultura e escrito a palavra "fim". Eles estavam tão satisfeitos quanto possível, porque eles não ouviriam falar mais a respeito do homem que questionou os seus pecados e o seu egoísmo.

Temos mais esse capítulo porque Jesus Cristo, o Filho de Deus, revolucionou todos os padrões antigos de vida e de existência. Jesus Cristo levou a vida ao sepulcro e fez surgir vida dentro dele, e aquele que tinha morrido ressuscitou! É por isso que, pela primeira e única vez na história, foi necessário que o evangelista acrescentasse o capítulo que não tem propriamente um final.

Jesus Cristo ressuscitou! Essa é a grande verdade que de repente trouxe uma confusão frenética para aqueles que contavam com a lógica antiga e confiável da morte. Esse Homem ressuscitou — não restaram apenas citações de seus ensinos amáveis, nem somente palavras de recomendação enviadas por amigos — mas temos agora uma biografia autêntica e contínua!

Eles o tinham visto, ouvido e tocado. Eles sabiam que Ele de fato havia ressuscitado. Ele disse: "Maria!". Ele chamou os amigos pelo nome, olhou para Pedro, preparou peixe na areia da beira da praia e disse: "Vocês têm carne por aí, filhos? Fiz café da manhã para vocês!".

Realmente esse é um capítulo inédito. Passou a haver uma certeza de vitória sobre a morte — a morte que tinha levado todos os homens e os acompanhado com seu sorriso cheio de dentes e sem lábios; a morte que tinha esperado desde o berço até o túmulo e teve prazer em escrever a palavra "fim".

Agora são a morte e a sepultura que estão abaladas em confusão porque Jesus Cristo está vivo, fazendo a morte de boba, e esse sorriso desdentado ficou mais amarelado que o seu crânio. Graças a Deus que mais esse capítulo foi escrito, porque Ele ressuscitou! Ele não está mais no túmulo!

A pergunta que logo vem a todo homem é a seguinte: "O que isso significa para mim e para você?".

Felizmente, para o cristão que crê e confia, isso significa que a vara de ferro da morte se quebrou! Para aqueles que fazem parte do povo de Cristo, indica que a lógica da morte não funciona mais. Para os crentes em Cristo, significa que a morte não é o fim — existem mais coisas no porvir.

Para se ter um exemplo do que isso significa, vamos dar uma olhada na experiência de outro homem — o apóstolo Paulo.

Nesse caso, dispomos de um amplo material biográfico. Paulo nasceu da mesma maneira que as outras pessoas e passou por cada etapa de crescimento na vida. Ele foi educado aos pés de um dos melhores mestres. Ele foi membro do Sinédrio judaico, o que equivale a ser membro da Suprema Corte nos Estados Unidos. Ele tinha uma alta reputação no seu tempo como um dos fariseus ortodoxos, a seita mais severa do seu povo. Entretanto, a caminho de Damasco, converteu-se de maneira repentina e milagrosa à crença e à confiança naquele a quem tinha odiado anteriormente. Ele foi cheio do Espírito Santo, comissionado e enviado para pregar o evangelho em toda parte. Ele foi de lugar em lugar pregando a Palavra, estabelecendo igrejas, escrevendo cartas de encorajamento para as igrejas novas.

Um dia ele foi levado a julgamento, mas foi libertado. Em outro julgamento, também foi declarado inocente. Ao ser acusado e julgado pela terceira vez, acabou sendo condenado.

Foi nessa época que ele escreveu uma carta a um jovem amigo chamado Timóteo.

Ele escreveu o seguinte: "O tempo da minha partida é chegado". Ele sabia que estava próximo da morte, portanto escreveu logo em seguida: "Combati o bom combate" — usando o pretérito perfeito.

Em seguida, usou estas palavras também no pretérito perfeito: "Completei a carreira!".

"Já dei o meu testemunho. Sou mártir e testemunha. Fiz tudo o que podia por Jesus. A guerra terminou e tirarei o uniforme. Completei o plano de Deus para mim na Terra".

De acordo com a lógica da morte, a próxima palavra deveria ser "fim", porque dentro de poucos dias, Paulo se ajoelhou sobre as lajotas de uma prisão romana e o executor separou a cabeça dele do corpo com um golpe de espada.

Ele tinha escrito o seu último testemunho, mas ele não disse: "Este é o fim de Paulo". Em vez disso, ele acrescentou de propósito uma conjunção que fala de um passado, mas o conecta a um amanhã.

"Acabei a carreira... já agora..."

Os juízes, o carcereiro e o executor teriam dito que Paulo não estava na posição de dizer a expressão "já agora", que quer dizer a partir de agora. Usando a lógica antiga da morte, eles teriam dito que Paulo seria um homem sem um amanhã. Sua cabeça tinha sido cortada. A sua carreira na Terra havia terminado.

O fato de que a morte se aproximava não fazia com que Paulo se desesperasse. Ele tomou a caneta, e escreveu com fé: "Já agora a coroa da justiça me está guardada, a qual o Senhor, reto juiz, me dará naquele Dia".

Ora, se não fosse pela expressão "já agora", eu escreveria de modo respeitoso que Paulo poderia ser considerado um dos maiores tolos de todos os tempos.

Considere que ele era um homem que tinha a posição mais alta na estima de sua própria nação e dos seus concidadãos. Era dotado de grande educação, cultura e discernimento. Os historiadores dizem que ele sem dúvida possuía alguma riqueza. Ele testificava que tinha desistido de tudo isso, contando como esterco, dando as costas ao seu próprio povo, sendo apedrejado um dia e espancado no outro, lançado na prisão e preso em troncos, enfrentando ameaças e perigos, somente com a roupa do corpo e desistindo de tudo em nome de Jesus. Quando chegou a hora deste homem idoso ser decapitado na prisão romana, o fato de ele ter usado a expressão "já agora" indica que sabia ele que não tinha sido um tolo, e o seu relacionamento com Cristo e a vida eterna fez com que seus sofrimentos no mar, debaixo dos açoites na prisão e na fome e na prisão inóspita, não parecessem nada.

Paulo estava testemunhando: "Todas essas coisas faziam parte da biografia humana, mas estou indo para um outro capítulo, que é eterno!". Para Paulo, era a experiência bendita de chegar ao capítulo que vem depois do último.

Foi assim que Paulo confundiu seus biógrafos humanos. Ele sabia o que estava fazendo, porque escreveu o seguinte: "Se a nossa esperança em Cristo se limita apenas a esta vida, somos os mais infelizes de todos os homens" — e isso continua sendo verdade.

A promessa da ressurreição faz a diferença para o homem que crê em Cristo. Se os homens não ressuscitam, por que não comer, beber e festejar, porque amanhã morreremos?

Entretanto, o cristão se posiciona juntamente com o apóstolo Paulo no conhecimento de que existe outro capítulo porque Jesus Cristo está vivo! Nós nos posicionamos com fé e expectativa ao lado dos mártires, embora não tenhamos sido chamados para passar pelos seus sofrimentos extremos. Esses são os crentes santos de Deus que insistiram com firmeza na realidade do outro capítulo que vem depois do último. Eles foram lançados aos animais selvagens e tiveram seus membros despedaçados. Foram deixados para morrer em uma agonia lenta debaixo do Sol durante o dia e das estrelas durante a noite. Eles foram colocados dentro de sacos e jogados pelos penhascos para as ondas do oceano logo abaixo. Uns morreram de fome nas prisões; outros foram levados ao deserto para morrerem lentamente com a exposição aos elementos da natureza e à fome. Muitos tiveram sua língua cortada; braços e pernas separados do corpo. Outros foram amarrados a carruagens e arrastados até a morte pelas ruas enquanto as multidões gritavam e aplaudiam.

Será que tudo isso valeu a pena?

Se não houvesse um amanhã eterno para esses mártires, se nenhuma coroa os aguardasse em uma terra melhor, então esses corpos despedaçados, queimados e torturados teriam gritado para cima rumo aos altos céus e para baixo na direção do inferno que o cristianismo não passaria de uma fraude — não seria nada além de uma história cruel e traiçoeira. Existe, porém, mais um capítulo pela frente!

Enquanto vivemos neste mundo, vemos somente alguns capítulos daquilo que os homens chamam de biografia terrena. A história da igreja nos conta que Timóteo, aquele a quem Paulo escreveu aquela carta final de triunfo, morreu enquanto foi arrastado por uma carroça. Se esse tivesse sido o fim de Timóteo, todos poderiam dizer: "Pobre Timóteo! Que pena que ele não teve bom senso suficiente para largar o cristianismo".

No entanto, tenha certeza de que Deus disse o seguinte para Gabriel e para aqueles que escrevem o registro dos mártires que acabamos de mencionar: "Este não é o fim — só escreva que tem mais coisas pela frente". O Editor divino bem acima dos céus sabe que esse não foi o fim de Timóteo. Haverá um grande intervalo sem que nada seja escrito sobre ele, mas isso só foi o fim de um episódio. Existe mais um capítulo, e ele nunca acabará!

É o Deus Altíssimo que coloca a eternidade dentro do homem e o amanhã em seu coração, é Ele que concede ao seu povo a imortalidade, de modo que o que se vê por aqui não é muita coisa. Contudo, quando a ave da imortalidade nos leva em suas asas, ela prossegue infinitamente em sua viagem sem pousar em lugar algum, e jamais morrerá.

Graças a Deus porque ainda temos esse capítulo a mais, que tem como título "Imortalidade". É o capítulo dos amanhãs de Deus. É o capítulo do "agora em diante" que só os filhos de Deus conhecem.

Ainda falta um dia para acontecer porque deve haver um dia de ressurreição. Sei disso porque houve um Homem, um Homem solitário. Eles o colocaram em um sepulcro e o selaram lá, mas no terceiro dia ele ressuscitou dentre os mortos segundo as Escrituras, e ascendeu à direita de Deus Pai todo-poderoso.

Além disso, ouso dizer que se todos os livros do mundo não passassem de páginas brancas e fossem escritas por uma multidão de anjos até que ficassem preenchidas, elas não seriam capazes de registrar todos os atos e palavras gloriosos de Jesus Cristo desde o dia em que os homens perversos acharam que o tinham posto no sepulcro para sempre.

Quero lhe dizer o que creio a respeito da ressurreição. Quando o sepulcro onde o corpo de Jesus estava foi selado, acredito que a Morte se sentou sorrindo ao lado desse selo romano pensando o seguinte: "Consegui pegar mais um!". Entretanto, a Vida que não poderia continuar morta rompeu esse selo do mesmo modo que rompemos o selo de uma carta, e Jesus andou para fora totalmente vivo!

Acredito nisso de forma tão plena que mantenho essa fé em todo o tempo. Isso não equivale a uma "modinha" de Páscoa na qual tento acreditar uma vez por ano. Acredito nisso tão completamente que tudo isso passou a fazer parte do meu ser, de cada momento do meu dia. Eu permaneço humildemente nesta fé com todos os filhos amados de Deus que têm certeza de que Deus prometeu outro capítulo que virá depois do último.

Penso com frequência sobre a biografia terrena e os ministérios do Dr. R. A. Jaffray, de saudosa memória, aquele grande pioneiro missionário e estadista no Extremo Oriente e nas ilhas do Pacífico. Depois de muitos anos frutíferos de visão, sacrifício e compaixão, anunciando em todos os lugares mais proibitivos e improváveis da Terra o evangelho de Jesus Cristo, ele passou o último capítulo da sua vida terrena sofrendo em um campo de concentração de guerra, como prisioneiro dos japoneses. O homem que ocupava a tenda mais próxima enquanto eles jaziam em um verdadeiro chiqueiro disse a respeito do Dr. Jaffray: "Nunca vi tanta devoção a Deus demonstrada na vida de um homem por toda a minha vida".

No entanto, naquele momento, com fome, doente e exausto, o Dr. Jaffray estava encolhido naquela pequena e pobre tenda de prisioneiros, a milhares de quilômetros de seus amigos mais chegados, e deu seu último suspiro. A sua biografia diz que ele morreu. Ela não diz que esse foi o seu fim, porque o Dr. Jaffray tinha conhecimento de um porvir gracioso em Jesus Cristo e estava ansioso para participar do capítulo que ainda viria. Ele tomará posse de tudo o que conquistou para si no futuro, e a vida completa de Jaffray não foi escrita ainda.

Irmãos, eu e você somos cristãos simples e comuns, mas essa esperança brilhante diz respeito a cada um de nós. Não somos mártires nem grandes reformadores, muito menos apóstolos.

Somos os cristãos comuns e corriqueiros na família de Deus, e existe uma palavra graciosa para nós que vem do Salvador a respeito do capítulo que vem depois do último. Um por um, vamos saindo das fileiras e partiremos.

Não existe nada de heroico a respeito da nossa partida, deixando amigos e parentes, mas, de fato, a morte nunca é heroica, muito menos generosa. Ela nunca é artística e sempre tem a tendência de ser rude, desordenada e humilhante.

Existe um momento que aquele pregador que já se levantou com força e entusiasmo para pregar a Palavra viva de Deus para os moribundos fica de cama, com as maçãs do rosto murchas e com olhos contemplativos, porque a morte está passando sua mão gelada sobre aquele tabernáculo terreno.

O cantor cujos dons foram usados para glorificar a Deus e para recordar aos homens e às mulheres a respeito da beleza do céu fica com uma voz rouca, seus lábios secam, e sussurrando palavras pela metade quando a morte se aproxima.

Contudo, meus irmãos, esse não é o fim. Graças a Deus que eu sei que isso não descreve toda a nossa existência. Todo o meu ser eterno, toda a minha personalidade

— tudo o que tenho e sou se lança nas promessas de Deus de que ainda tem um capítulo a mais.

No final de todas as notas de falecimento de seus crentes e filhos, Deus acrescenta a expressão "de agora em diante". Depois de todas as biografias, Deus acrescenta a expressão "de agora em diante". Haverá um amanhã e é esta a razão da alegria cristã.

Os romanos pensavam que tinham visto os momentos finais de Paulo, mas eles estavam errados. Os judeus acharam que tinham visto os últimos momentos de Jesus, mas também estavam equivocados. Os japoneses acharam que viram o último suspiro de Jaffray, mas caíram igualmente no erro. Graças a Deus, os cristãos em breve voltarão! Esse mundo nos descarta, sepulta nosso corpo na terra, nos culpa de vários transtornos e imagina que partimos para sempre — mas isso não é fato. Quem sabe algum vizinho que não goste de você por você amar a Deus dirá o seguinte quando você morrer: "Bem, me livrei desse aí. Ele sempre me dava folhetos e me convidava para ir à igreja. Esse era um chato de galocha!". Mal sabe ele que você volta logo. Sim, o povo de Deus já está voltando. Paulo voltará, juntamente com Estêvão e Timóteo, que foi arrastado por uma carroça pela cidade. O Dr. Simpson também voltará. Igualmente Wesley voltará — mas seus cabelos não serão mais grisalhos nem ele estará fraco, mas estará na flor da idade. Na verdade, toda a família de

Deus dos crentes em Jesus voltará. Essa é a promessa eterna de Deus.

Lembro-me de que havia um grande homem de Deus que se chamava Samuel Rutherford, cujo testemunho brilhou como uma estrela na Inglaterra que vivia na escuridão nos tempos antigos. Ele era poeta, escritor e um grande pregador — um homem que possivelmente amava a Jesus mais do que qualquer homem da sua época. Suas crenças eram impopulares, e ele tinha problemas porque se recusava a adaptar sua pregação ao regulamento da igreja estatal. Quando ele já era idoso, as autoridades decidiram julgá-lo como um criminoso porque ele não se submetia às regras daquela igreja. A data foi marcada para o julgamento, e ele foi intimado a comparecer diante do Parlamento para esse julgamento.

Rutherford sabia que estava em seu leito de morte, portanto ele escreveu uma carta respondendo à essa intimação. Foi isso que ele disse: "Ilustres cavalheiros, recebi vossa intimação; no entanto, antes de recebê-la, recebi a convocação de uma instância superior. Antes do dia do meu julgamento, me apresentarei neste lugar onde poucos reis e homens de renome estarão. Adeus!".

Esse era Samuel Rutherford, testemunho para toda a Inglaterra que mais um capítulo aguarda o cristão quando o nosso Senhor diz: "Bem-vindo ao lar!".

Foi assim que "o nobre Rei do seu trono branco, minha presença requisitou, à terra do Emanuel cheia de seu resplendor". Ah, sim, existe mais um capítulo, meus amigos! Há um amanhã para o povo de Deus porque houve um amanhã para o nosso Senhor Jesus Cristo. "Pois, se cremos que Jesus morreu e ressuscitou, assim também Deus, mediante Jesus, trará, em sua companhia, os que dormem... Porquanto o Senhor mesmo, dada a sua palavra de ordem, ouvida a voz do arcanjo, e ressoada a trombeta de Deus, descerá dos céus, e os mortos em Cristo ressuscitarão primeiro; depois, nós, os vivos, os que ficarmos, seremos arrebatados juntamente com eles, entre nuvens, para o encontro do Senhor nos ares, e, assim, estaremos para sempre com o Senhor...". Depois, no auge de sua exortação ele diz: "Consolai-vos, pois, uns aos outros com essas palavras".

Ah, que consolo isso traz! É uma promessa para todo cristão que se despede de seus entes queridos em Cristo. Você os verá novamente! Eles estarão de volta. Existe mais um capítulo, que não terá mais fim. A ave da imortalidade está com as asas abertas. Graças a Deus que a nossa fé começa com o nosso pecado e termina com a nossa glorificação!

7

Qual é o pecado mais grave da sociedade profana?

O Verbo estava no mundo, o mundo foi feito por intermédio dele, mas o mundo não o conheceu.

João 1:10

A Bíblia nos conta de várias maneiras sobre uma maldição antiga que permanece conosco até o momento atual — a disposição que a sociedade humana tem de se envolver completamente em um mundo totalmente fora da presença de Deus.

Ainda é o pecado mais grave do homem que não foi regenerado que, apesar de Jesus Cristo ter vindo ao mundo, ele não consegue sentir a sua presença tão abrangente, nem pode ver a sua luz verdadeira, nem consegue ouvir a sua voz amorosa e convidativa.

Tornamo-nos uma sociedade "profana" — envolvida e interessada em nada além dos aspectos físicos e materiais da vida terrena. Os homens e as mulheres se orgulham do fato de que agora eles podem viver em um luxo inédito em casas caríssimas; que eles podem trocar seus carros custosos e brilhantes por modelos ainda mais caros e brilhantes todo ano, e que seus ternos sob medida e seus vestidos de seda e cetim representam um gasto que nunca foi possível anteriormente em uma sociedade composta de uma classe comum de trabalhadores.

Essa é a maldição que paira sobre o homem moderno — ele é insensível, cego e surdo em sua ânsia de esquecer que Deus existe, em sua crença estranha que o materialismo e o humanismo se constituem na "boa vida".

Companheiro, será que você não sabe que o seu grande pecado é justamente esse: que você não consegue sentir a Presença eterna que envolve todas as coisas?

Será que você não tem noção de que existe uma Luz grande e verdadeira que resplandece de forma gigantesca — e você não consegue enxergá-la?

Será que você nunca ouviu dentro do seu ser o sussurro de uma voz doce que fala a respeito do valor eterno da sua alma — mas, mesmo assim, você disse: "Não ouvi nada assim".

Esta é, basicamente, a acusação que João lança sobre a humanidade: Jesus Cristo, o Verbo de Deus, estava no mundo, e o mundo não conseguiu reconhecê-lo.

Ora, a palavra "mundo" que temos em nosso idioma precisa de uma pequena definição. Na Bíblia, ela possui três acepções diferentes, e duas delas nos interessam nessa passagem do Evangelho de João. A palavra "mundo" aqui significa "natureza" e "humanidade" — dois sentidos da mesma palavra no grego. Elas são usadas juntas sem nenhuma diferenciação, portanto, quando a Bíblia diz: "Ele estava no mundo, e o mundo não o conheceu", esses dois sentidos ficam bem claros. É preciso verificar o contexto para descobrir o sentido adequado, porque eles vêm de uma palavra em particular no original. Na Bíblia, a palavra "mundo" vem de uma raiz que significa "pastorear, cuidar e prover". Portanto, também significa um "arranjo organizado", além de indicar decoração.

Quanto a mim, em todo lugar que encontro essa palavra, eu vejo Deus, e a minha alma se alegra. Faço uma consulta em um livro velho que mais parece uma lista telefônica maluca — nós o chamamos de léxico — e descubro que no Novo Testamento a palavra mundo significa "um sistema disposto de forma organizada, altamente decorativo, que é pastoreado, cuidado, supervisionado com as provisões necessárias". Tudo está implícito nessa única palavra.

Todo aquele que conhece a Deus, até mesmo de forma superficial, esperaria que Ele criasse um mundo com certa ordem porque o próprio Deus traduz a essência da ordem. Deus nunca foi o autor do caos — seja na sociedade, no lar, na mente ou no corpo humano.

Tenho observado que algumas pessoas descuidam da aparência de várias formas, achando que isso faz delas pessoas mais espirituais — mas eu discordo disso. Acho que é adequado pentear os cabelos, se tiver algum. Não imagino que seja marca de uma espiritualidade profunda e íntima para um homem se esquecer que uma camisa suja pode ser lavada facilmente e que a intenção ao se produzir calças mais largas é que elas sejam usadas com os vincos na mais perfeita ordem. Tenho certeza de que Deus não fica triste quando seus filhos cristãos dedicam algum tempo todos os dias para se apresentarem com uma aparência limpa e bem composta.

Alguns santos de Deus também insistem no culto completamente informal e espontâneo. Não acho que Deus se entristece com um culto em que sabemos de antemão o que vamos cantar — porque Ele é um Deus de ordem.

Portanto, a palavra "mundo" carrega essa ideia de ordem, e podemos esperar que Deus seja ordeiro porque isso faz parte da natureza dele. O mundo é matemático, e a essência da matemática é a ordem — isso tem de ser assim.

Aqueles que se dedicam a conhecer melhor a Deus também esperarão que Deus crie um mundo belo, e isso é exatamente o que a Bíblia ensina. Deus criou um mundo ordeiro e bonito, e Ele cuida dele, providencia o que lhe é necessário e o pastoreia.

Acho que isso é algo prazeroso — Deus pode tomar uma palavra seca e antiga que esteve morta por centenas de anos e falar aos seus ossos de modo que eles se levantem, permaneçam de pé e cantem um solo. É isso que Deus fez com a palavra "mundo" nesse texto.

Você pensará sobre isso da próxima vez que pedirem que você cante este hino:

> Fizeste a beleza da terra,
> Fizeste a glória dos céus.
> Também o amor que acompanha
> a vida de todos os seus.
> A ti elevamos, Senhor de todos, todo o louvor
> e gratidão.
> Por cada hora
> do dia e da noite,
> Pela montanha, pelo vale,
> pela árvore, pela flor
> pelo Sol, pela Lua
> e pelas estrelas que brilham.
> A ti elevamos, Senhor de todos, todo o louvor
> e gratidão.

Permitam-me contar que o homem que escreveu esse hino não estava simplesmente praticando um exercício de poesia. Ele estava colocando na harmonia poética uma verdade — a verdade de que Deus fez um mundo lindo e organizado.

A esta altura, já antecipo algum argumento do Sr. do Sábio deste Mundo, o homem que tem mais cérebro do que coração, que pensa mais do que ora, e que tenta entender e medir a glória inatingível de Deus com sua pobre cabecinha de melão.

Provavelmente ele diga o seguinte: "Ora, espere um pouco! Você diz que Deus criou o mundo de forma tão linda, mas você não sabe que beleza não passa de uma palavra — uma palavra que usamos para explicar o que eventualmente nos agrada? Se uma pessoa gosta da aparência de alguma coisa, ela diz que essa coisa é bela. Por outro lado, se não gostamos de como algo se apresenta, dizemos que é feio. Portanto, nada é belo ou feio por si mesmo — isso depende somente da casualidade de nós gostarmos dessa coisa ou não".

Portanto, o Sr. Sábio desse Mundo nos diz que essa ideia de que Deus fez um mundo lindo está totalmente errada. Ele é da opinião de que essa ideia não passa da invenção de uma imaginação religiosa bem colorida.

Para ser sincero, o Sr. Sábio desse Mundo não me intimida nem um pouco com sua crítica educada, e não estou procurando por nenhum esconderijo, porque acho que, no final das contas, é ele que não usa a cabeça.

Escutem, meus irmãos! Deus nos fez à sua imagem e à sua própria semelhança e existe uma semelhança entre a mente do homem e a mente de Deus, com a exceção do pecado. Se tirarmos o pecado da mente do homem, veremos a semelhança a Deus dentro dele porque Deus o criou à sua imagem. Volto a dizer — se a raça humana pudesse ver que Deus nos criou à sua imagem, pararíamos de chafurdar na lama e tentaríamos viver do modo que Deus ordenou quando Ele nos fez à sua própria imagem e semelhança.

Quando Ele nos fez à sua imagem, parte dela é mental e estética, de modo que minha mente se parece um pouco com a mente de Deus quando se tira a influência pecaminosa. Não há dúvida de que quando Deus faz algo lindo e ordeiro, isso agrada a sua mente.

Digo que somente uma pessoa com educação deficitária que insiste que a beleza é somente uma palavra que dedicamos àquilo que venha a nos agradar. O fato simples é que Deus criou as coisas para a sua glória e para seu prazer elas são e foram criadas. Por que devemos nos desculpar por termos a capacidade dada por Deus de gostar daquilo que Deus gosta e de ter prazer naquilo que agrada a Deus?

Ora, acho que Deus a princípio faz as coisas de forma ordeira para que elas sejam úteis. Sempre que Ele faz algo neste universo é porque Ele tem um propósito para isso. Não acredito que exista nada no universo que veio a existir por acidente. Tudo no universo tem um sentido.

Meu pai era filosófico a respeito de muitas coisas, e me lembro de que ele costumava ficar sentado durante o verão e refletir sobre a razão pela qual Deus fez os mosquitos. Ainda não tenho a resposta a respeito disso, mas sou simplesmente um ser humano, e, devido ao fato de que não tenho essa resposta, não acusarei o Criador de cometer um erro cósmico. Sei que o mosquito não equivale a um erro — ele é apenas um parasita. Entretanto, foi Deus quem o criou.

O mesmo princípio é verdadeiro com respeito a muito mais outras coisas. Não sei por que Deus faz certas coisas, mas tenho certeza de que nada é acidental em seu universo. O fato de que não sabemos a razão por trás de algumas coisas não é suficiente para que nós os chamemos de acidentes divinos.

Se tiver a permissão de entrar na sala de operação em um hospital, encontrarei muitas coisas complicadas ao meu redor. Não tenho a mínima ideia sobre a maioria delas e como se deve usá-las. Mas o cirurgião, no entanto, sabe — e nenhuma daquelas ferramentas e instrumentos estão lá por acidente.

Se eu pudesse entrar na cabine de uma grande e poderosa locomotiva, ficaria perplexo e confuso tentando entender por que existem tantos botões, alças e alavancas ao meu redor. Poderia quebrar tudo em alguns minutos se começasse a apertar botões e mover essas alavancas. Entretanto, o engenheiro sabe para que serve tudo isso — e ele obtém os resultados adequados quando aperta os botões certos.

Portanto, quando o Deus todo-poderoso entrou na cabine da locomotiva que nós chamamos de cosmo, Ele estava no controle e sempre apertou os botões certos. O fato exclusivo de que existem coisas no universo que estão além da minha explicação humana não me permite acusar Deus de fazer um monte de vagões abertos desnecessários para congestionar o universo. Deus fez tudo com um propósito.

Mencionei o critério de utilidade nesse sentido. No livro de Gênesis, descobrimos que o primeiro plano de Deus era a utilidade. Deus disse: "Haja luz", e Ele viu que ela era boa e que ela tinha um propósito, e chamou a luz de dia e a escuridão de noite.

Deus fez a mesma coisa com as águas e, por todos esses dois capítulos de Gênesis, existe uma demonstração linda de utilidade — Deus criando um mundo organizado com um propósito, com tudo tendo uma razão para existir.

A utilidade tinha o primeiro lugar para Deus, e o mesmo acontece com as pessoas.

Toda vez que um pioneiro sai para uma planície inexplorada para arranjar um lugar para ficar, um pequeno pedaço de terra que logo se tornará sua casa, ele não fica sobre a beleza, mas sobre a utilidade e a viabilidade de uso. Ele sabe que precisa de uma casa de madeira ou algum tipo de habitação segura antes de a tempestade chegar. Ainda se pode encontrar muitas casas como essas, sem graça, e geralmente feias, espalhadas por todo o Oeste. Trata-se de um lugar para morar, uma casa de fato, um lugar para descansar quando a pessoa estiver casada. Pode ser primitiva, mas cumpre seu propósito.

Em segundo lugar, Deus acrescentou sua capacidade de decoração. É essa a expressão que se encontra na raiz grega da palavra "mundo". A palavra "decorativo" se encontra nela. A princípio, Ele criou o mundo com utilidade e propósito e depois acrescentou o lado estético e decorativo. Provavelmente exista um sentido no qual podemos viver bem sem enfeites, mas é bem melhor viver com eles. Há algo na mente de Deus que deseja ser agradado — não somente satisfeito. A ordem, o uso e o propósito trazem satisfação, mas Deus quis que fosse necessário haver beleza na sua obra.

Acho que seria muito bom se mais seres humanos descobrissem a verdade de que não custa nada ter coisas lindas e agradáveis em vez de somente úteis e feias. Podemos começar aqui mesmo em nossa cidade.

Começamos a dirigir na cidade em qualquer direção e logo se imagina se ainda existe alguma coisa bonita no mundo. As colunas de fumaça, o cheiro e os aparatos tecnológicos que se espalham para extrair a gasolina do petróleo bruto — que coisas mais feias! Contudo, com certeza, a utilidade é inerente a nossas fábricas, fundições e refinarias. Se não fosse por esse tipo de utilidade, muitos de vocês não poderiam vir de carro para a igreja — algo útil, mas que não é tão bonito assim.

Bem, quem sabe chegará o dia no milênio em que faremos coisas tão bonitas quanto úteis. Ainda acho que não custa nada acrescentar beleza, prazer e satisfação. Não custa nenhum centavo a mais criar uma filha bonita do que uma filha caseira, uma esposa bonita não gasta mais em alimentação do que uma esposa dedicada ao lar.

Você escolhe dois homens e dá a cada um uma lata de tinta; um deles faz uma obra de arte que se poderia pendurar em uma galeria, enquanto o outro apresenta um insulto terrível à imaginação humana. Tudo isso com a mesma quantidade de tinta e o mesmo intervalo de tempo. Um deles é artista, mas o outro não passa de um criador de manchas.

Dê a dois arquitetos uma ajuda de graça, e dê a cada um os tijolos que precisar; um deles virá com uma monstruosidade — como alguns templos que já vi — enquanto o outro acrescentará um toque totalmente agradável e satisfatório. Os custos serão os mesmos — trata-se apenas de uma questão de beleza na disposição das coisas.

Deus poderia ter feito um rio de modo que ele simplesmente se jogasse no mar — um canal sem graça, reto e feio. Poderia ter alimentado os peixes e terminado o seu trabalho, mas acho que Deus sorriu e fez com que o rio serpenteasse debaixo das árvores e em volta dos montes, uma corrente que capturasse o azul do céu e refletisse para todos as suas margens. As pessoas ficam impressionadas com esse rio caudaloso e comentam dizendo: "Que lindo!". Deus responde da seguinte forma: "Obrigado por perceber. Consegui fazer com que você o enxergasse". Deus é capaz de dar utilidade e beleza às coisas. É isso que significa a palavra "mundo".

Ora, você me diz, o que é isso — uma palestra sobre belas artes?

Não, trata-se de uma conversa teológica sobre o significado da palavra "mundo" na Bíblia — o mundo criado que se constitui na ordem linda que o Deus Altíssimo guarda e pastoreia.

O outro uso desta palavra "mundo" é aquele que significa "humanidade" — o mundo organizado e a sociedade de homens e mulheres.

Quando Deus relata que Cristo estava no mundo, e o mundo não o conheceu ou mesmo o reconheceu, Ele não estava se referindo às nuvens que criou, ou mesmo aos montes, às rochas e aos rios. Ele estava se referindo à sociedade humana, o mundo da humanidade, e foi esse mundo organizado dos homens que não o conheceu.

João testemunhou que a Palavra de Deus, o seu Filho Unigênito, se fez carne e habitou entre nós. O que ele estava fazendo no nosso tipo de mundo, em nosso tipo de sociedade decaída?

Antes da encarnação, Ele era o Verbo de Deus sempre presente, movendo-se de forma criativa no universo. Quando Jesus Cristo se fez homem, Deus encarnado em um corpo humano, Ele não deixou de ser a Palavra de Deus sempre presente. Até os dias de hoje, essa Palavra que permeia todas as coisas ainda enche o universo e se move entre nós.

Como são poucas as pessoas que percebem a sua presença, que percebem que precisam ter um relacionamento com Ele! Ele ainda é a Luz do mundo. É Ele quem ilumina todo homem que vem ao mundo. Depois de ascender do monte das Oliveiras, Ele ainda continua como o Verbo ativo que permeia todas as coisas, renova e dá vida ao universo.

O que Ele está fazendo no universo?

As Escrituras nos contam que "nele foram criadas todas as coisas, nos céus e sobre a Terra, as visíveis e as invisíveis, sejam tronos, sejam soberanias, quer principados, quer potestades. Tudo foi criado por meio dele e para ele. Ele é antes de todas as coisas (no tempo). Nele, tudo subsiste (ou permanece unido)". O Verbo que permeia todas as coisas que está no mundo é quem traz a coesão para todo o universo. É por isso que não caímos aos pedaços. Ele é, em um sentido bem verdadeiro, a argamassa ou o magnetismo que mantém unidas todas as coisas.

Essa é a razão pela qual Ele está presente, por isso não habitamos em um planeta morto. O pecado é a única coisa morta dentro dele. Vivemos em um mundo vivo que é mantido coeso pela presença espiritual do Verbo invisível. Ele estava no mundo, e o mundo foi feito por Ele.

As Escrituras continuam falando ao seu respeito: "Ele, que é o resplendor da glória (de Deus) e [...] sustentando todas as coisas pela palavra do seu poder, depois de ter feito a purificação dos pecados, assentou-se à direita da Majestade, nas alturas". Ele sustenta todas as coisas pela palavra do seu poder.

Quando uma criancinha olha para um céu estrelado acima dela à noite pode surgir um medo natural e infantil de que o céu possa cair. Os pais dão risada e tocam levemente a cabeça da criança, dando a desculpa de que ela está cansada — mas essa criança não é tão tola como se pode pensar.

Por que o céu não cai? Por que as estrelas e planetas não se desfazem se diluindo no caos?

Tudo isso se deve ao fato de que existe uma presença que faz com que tudo subsista — e nada mais é que a presença daquele que sustenta todas as coisas pela palavra do Seu poder. Essa é uma explicação basicamente espiritual, porque este universo só pode ser explicado por leis eternas e espirituais. Essa é a razão pela qual os cientistas nunca conseguem chegar à raiz de todas as coisas nem nunca conseguirão, porque eles lidam somente com as coisas que podem ver, tocar, provar e misturar nos tubos de ensaio.

Esse cientista não sabe como lidar com essa presença misteriosa que mantém todas as coisas unidas. Ele pode misturar elementos e produtos químicos para depois observar as reações que acontecem, para depois escrever um artigo e dizer que não viu Deus nessa fórmula. Porém, ele só é capaz de chegar a fórmulas confiáveis e coerentes por causa da fidelidade e do poder de Deus em manter a coesão de todas as coisas.

O cientista anuncia que uma estrela em particular estará em um lugar definido no universo depois de 2.510 anos e 20 minutos. Depois ele se reclina na cadeira se afastando do computador e se orgulha dizendo: "Já tirei Deus de cena neste mundo. Posso prever onde as estrelas estarão no futuro".

Ah, que homem insensato! As estrelas seriam reduzidas ao pó se Deus não continuasse a mantê-las pela sua fidelidade nas suas órbitas e nas suas galáxias. Ele sustenta todas as coisas pela palavra do seu poder.

Repito o que as Escrituras dizem: "Levantai ao alto os olhos e vede. Quem criou estas coisas? Aquele que faz sair o seu exército de estrelas, todas bem contadas, as quais ele chama pelo nome; por ser ele grande em força e forte em poder, nem uma só vem a faltar".

Perdemos boa parte da expressividade dessa passagem em nossas traduções, mas ela continua sendo uma das passagens mais lindas da Bíblia. É um complemento do salmo 23, pois trata do exército dos céus em vez de falar sobre o cuidado com o ser humano.

O homem de Deus diz: "Levantai ao alto os olhos e vede. Quem criou estas coisas?". Ele está se referindo a esse grande espetáculo de coisas brilhantes, iluminadas e preciosas que resplandecem sobre o campo e sobre a cidade e são refletidas na água do mar. Essas estrelas mais distantes — quem criou essas coisas e convoca seu exército pelo nome?

Por que Ele chama o seu exército?

Porque eles são como ovelhas, e trata-se da alegoria de um pastor chama suas ovelhas, mencionando seu nome e contando enquanto elas saem, identificando-as e as levando pelos pastos verdejantes das campinas e para a margem das águas tranquilas.

Portanto Isaías, o poeta que tem o pastoreio em mente, viu que o exército das estrelas no firmamento eram como um rebanho de ovelhas e que Deus, o grande Pastor, as chamava, e elas saíam flutuando no espaço interestelar enquanto Ele as contava e dizia: "Elas estão todas aqui". Depois ele as chamava pelo nome, por todo o universo ilimitado, e, devido ao fato de que Ele tem muito poder, nem uma só vem a faltar.

Acredito que se pode dizer que essa é a figura de linguagem mais majestosa e sublime de toda a Bíblia — sem exceção. Ainda sabemos tão pouco sobre os locais mais distantes do universo, mas os astrônomos nos dizem que a própria Via Láctea está longe de ser um caminho de leite — ela não passa de uma profusão incrível de estrelas, que estão a bilhões de anos-luz de distância, mas todas se movem em sua direção ordenada e predeterminada.

Nós nos alegramos com o fato de que foi Deus que chamou todas elas, conhece a quantidade delas e chama todas elas pelo nome como um pastor chama suas ovelhas. Que símbolo elevado e instigante sobre o que Deus faz no universo, sustentando todas as coisas em suas próprias órbitas e trajetórias.

Ele é justamente esse tipo de Deus e Criador — mas o mundo não o conheceu. É... a humanidade é mesmo assim. Deus continua no mundo, mas a humanidade dele zomba dele praticamente sem nenhuma consciência de que a revelação dele pode ser conhecida, honrada e amada pelo homem de coração humilde.

Ora, a Palavra em sua presença pode ser conhecida pela humanidade. Não estou concedendo a salvação a todos os homens por meio dessa declaração. Quero dizer que, via de regra, o reconhecimento e a consciência da Presença de Deus acontecem com frequência entre os homens.

Imagino que essas palavras sejam adequadas.

Nos primeiros dias dos Estados Unidos, quando nossos fundadores estavam escrevendo constituições, formulando leis e fazendo história, muitos homens com posições importantes não criam em Cristo. Temos visto alguns desses antepassados com um olhar sonhador e suposto que eles foram cristãos, quando na verdade estavam longe de sê-lo.

Eu me recordo que Benjamin Franklin, que sempre dizia que não cria em Jesus, sugeriu que fossem feitas orações a Deus em uma época em que a nação que tinha acabado de nascer estava em situação de risco. Os líderes acabaram orando e saíram desse momento difícil.

Ora, Franklin não era cristão, mas acreditava que havia um Deus que operava neste mundo e não negava a consciência dessa presença. Daniel Webster confessou que o pensamento mais profundo que ele já teve na vida era sua "responsabilidade diante de um Deus santo".

Com certeza, nossos antepassados não eram todos cristãos fundamentalistas e muitos deles não eram nascidos de novo, mas a maioria deles cultivava uma crença profunda e reverente na Presença de Deus neste mundo. A geração moderna os considera antiquados e ri deles, mas eles criaram leis de alcance bem amplo e um código de ética e de responsabilidade pessoal e nacional de alta reputação em todo o mundo que permanece até os dias de hoje.

O fato de acreditar no reconhecimento e na consciência de um Deus Criador não os salvou, mas colocou uma marca em seu caráter e humanidade que os diferenciou dos jogadores malandros loucos por whisky que nunca pararam para pensar na ideia de Deus e da sua presença nos dias atuais. O Verbo está no mundo e o mundo não o conheceu — mas é possível conhecê-lo.

O muçulmano se prostra no chão cinco vezes por dia em reverência ao Deus que está no céu — e muitas pessoas riem deles. O hindu chega ao rio Ganges com grande dor e dificuldade para se banhar em suas águas — e muitos comentam: "Esse é o cúmulo da loucura!".

Apesar disso, eu preferiria ser um muçulmano, ou um hindu ou um habitante de alguma tribo primitiva morando em uma tenda coberta de pragas na África, me ajoelhando diante de ossos, penas e murmurando alguma espécie de oração local, a me aproximar do juízo como um executivo norte-americano autossuficiente que expulsou Deus da sua vida, dos seus negócios e da sua casa.

Muita gente aqui nos Estados Unidos responderia: "Prefiro me virar sozinho".

Que conversa insensata do homem mortal!

Os homens não podem se dar ao luxo de se virarem — ou eles são salvos ou estão perdidos. Com certeza, essa é a grande maldição que paira sobre a humanidade nos dias de hoje — os homens estão tão envolvidos em seu mundinho sem Deus que rejeitam a luz que verdadeiramente brilha e a voz que fala no profundo, e a presença que realmente penetra todas as coisas.

Se você puder parar esse homem moderno e autossuficiente por tempo suficiente para ter uma conversa, ele lhe garantirá que a pregação do evangelho é para o malandro fracassado na sarjeta. Ele jurará de pé junto que nunca assaltou um banco, que ele é um bom marido e um bom cidadão.

Não é a cidadania que mais importa para Deus. Não é a moralidade nem a obediência à lei que mais importam para Ele. O Espírito de Deus tenta falar com esse homem moderno a respeito da grande maldição que paira sobre seu coração e sobre a sua vida — ele se envolveu tanto com o dinheiro, com a conta no banco, com o balanço de lucros e prejuízos, com o mercado, com os empréstimos e os juros que qualquer pensamento que se refira a Deus, à salvação e à eternidade foi totalmente descartado. Diante de seus olhos só existem cifrões de dólares, e ele prefere fazer outro negócio e alcançar um bom lucro a caminhar em direção ao reino de Deus.

Muitos outros em nossa sociedade humana estão completamente presos à fama, à notoriedade e à atenção pública. Uma atriz e cantora bem conhecida falou recentemente à imprensa a respeito de sua longa carreira, da fama e da fortuna que ela alcançou, e acabou resumindo tudo com estas palavras: "Foi o destino que me trouxe até aqui!".

Depois de toda uma vida envolvida em um mundo e em uma sociedade sem Deus, não existe resposta melhor do que algum tipo de destino esotérico e estranho. Ela viveu somente para o tipo de fama e reconhecimento que os homens podem dar, e ela prefere ter o nome na marquise de um teatro a ter seu nome escrito eternamente no Livro da Vida do Cordeiro. A voz tem estado sempre conosco, mas ela nunca a quis ouvir. A luz está aqui, mas ela nunca a viu. A presença está em nosso mundo, mas ela não a consegue sentir.

Dinheiro e lucro, fama e fortuna — e com milhões de outras coisas trata-se de um vício completo do prazer. Contatos físicos, terminais nervosos, deleites sensuais, alegria carnal — tudo com o único intuito de tirar a seriedade da vida, tudo para impedir que o homem sinta que existe uma presença, o caminho, a verdade e a luz.

Irmãos, não me acusem de agir como um místico!

Em vez disso, ouçam novamente estas palavras da Bíblia: "A vida estava nele e a vida era a luz dos homens. A luz resplandece nas trevas, e as trevas não prevaleceram contra ela'. O texto também diz que "no princípio era o Verbo" e o Verbo "estava no mundo".

Ora, esse Verbo existe — e Ele é a Voz e Ele é a Luz!

Esse Verbo "estava no mundo" — isso se refere à Sua Presença. Isso não é poesia. Essa é a verdade de Deus e, devido ao fato de a nossa geração não reconhecer a Luz nem sentir a Presença, acabamos nos tornando uma geração profana. Nós nos apegamos às coisas — seculares — até que chegamos ao ponto de supor que não existe nada no universo senão valores materiais e físicos. O homem profano chegou à conclusão de que só ele é importante no universo — portanto, ele se torna o seu próprio deus.

É triste, mas é verdade que um sofrimento imenso e eterno aguarda o homem profano e completamente secular, cuja única religião se baseia no pensamento que ele provavelmente não é tão ruim quanto os outros. Existe uma passagem no livro de Jó que se encaixa muito bem no homem moderno e profano:

> Pereça o dia em que nasci e a noite em que se disse: Foi concebido um homem! Converta-se aquele dia em trevas; e Deus, lá de cima, não tenha cuidado dele, nem resplandeça sobre ele a luz. Reclamem-no as trevas e a sombra de morte; habitem sobre ele nuvens; espante-o tudo o que pode enegrecer o dia. Ali, os maus cessam de perturbar, e, ali, repousam os cansados.

Estou pensando realmente nos homens que falam bonito sobre a igreja e dão algum consentimento mental à religião, mas que se esqueceram de que foram criados por Deus, e que possuem uma responsabilidade diante dele, e ignoraram Jesus Cristo — sua presença, sua voz e sua luz.

Na verdade, você pode ter inteligência, cultura e sofisticação a ponto de deixar de ouvir e atender ao convite de Deus. Entretanto, ninguém pode ser simples demais a ponto de o entender.

Eu era um rapaz ignorante de 17 anos quando ouvi a pregação do evangelho pela primeira vez na rua, e fui levado a entrar em uma igreja onde ouvi um homem citando uma passagem bíblica:

> Vinde a mim, todos os que estais cansados e sobrecarregados, e eu vos aliviarei. Tomai sobre

vós o meu jugo e aprendei de mim, porque sou manso e humilde de coração; e achareis descanso para a vossa alma. Porque o meu jugo é suave, e o meu eu fardo é leve.

Na verdade, eu não era muito melhor do que um pagão, mas somente com aquele tipo de formação bíblica bem limitada, fiquei muito perturbado, porque comecei a sentir e reconhecer a presença graciosa de Deus. Eu ouvi a voz dele — mesmo que bem de longe. Discerni que havia uma Luz — mesmo que de forma bem difusa.

Eu ainda estava perdido, mas, graças a Deus, estava me aproximando dele. O Senhor Jesus sabe que existe esse tipo de pessoa no dia de hoje, à qual ele diz: "Não estais longe do reino de Deus".

Mais uma vez, andando pela rua, parei para ouvir um homem pregando em uma esquina, e ele dizia aos que o ouviam: "Se você não souber orar, vá para casa, se ajoelhe e diga: "Deus, tem misericórdia de mim, pecador".

Foi exatamente isso que eu fiz, e, apesar de os mestres dispensacionalistas me dizerem que eu usei o texto errado, eu cheguei à casa de meu Pai. Coloquei meus pés debaixo da mesa de jantar dele. Peguei uma colher bem grande e desde então tenho desfrutado das suas bênçãos espirituais.

Na verdade, não dei atenção àqueles irmãos que batiam na janela do lado de fora, gritando para mim e acenando: "Sai daí, garoto! Você entrou pela porta errada!".

Com dispensações ou sem dispensações, Deus me prometeu perdoar e satisfazer a todo aquele que tem fome e anseio suficiente para clamar: "Senhor, salva-me!".

Quando Pedro estava começando a afundar nas águas da Galileia, ele não teve tempo para consultar o rodapé de alguma Bíblia para descobrir como ele devia orar. Ele simplesmente gritou desesperado bem do fundo do coração: "Senhor, salva-me!", e o Senhor o atendeu.

Irmãos, por que não deixamos simplesmente o nosso coração fazer a oração? Se um homem conseguir levar o coração aos joelhos, descobrirá que existe um montão de coisas que ele não precisa saber para receber a Jesus Cristo. Ele está aqui agora. "O Verbo se fez carne e habitou entre nós". Ele partiu com seu corpo de carne e osso, mas Ele — o Verbo eterno que permeia todas as coisas — ainda está conosco para salvar. Ele só espera por uma oração semelhante ao de uma criança que venha de um coração humilde e necessitado — "Ah, Cordeiro de Deus, estou vindo para ti".

8

É verdade que o homem perdeu o direito a esta terra?

Na casa de meu Pai há muitas moradas.
Se assim não fora, eu vo-lo teria dito.
Pois vou preparar-vos lugar.

João 14:2

QUANDO OS SEGUIDORES DE JESUS Cristo perdem o seu interesse no céu, eles deixam de ser cristãos felizes e, quando isso acontece, eles não podem ser uma força poderosa em um mundo triste e pecaminoso. Pode-se dizer com certeza que os cristãos que perderam seu entusiasmo com as promessas que o Salvador fez a respeito do céu vindouro também deixam de ser eficazes em sua vida cristã e no seu testemunho neste mundo.

Minha tendência tem que continuar na direção das canções das reuniões antigas de acampamento onde os cristãos felizes e eficazes se gloriavam nas promessas de um lar celestial em que não há necessidade nem de Sol nem de Lua porque o Cordeiro será a sua luz. Essas almas animadas estavam bem mais próximas da verdade do que os teólogos eméritos de hoje que nos desencorajam de ser tão pragmáticos a respeito da perspectiva alegre da nossa casa futura.

Está bem claro na revelação bíblica que Deus criou todas as coisas para manifestar sua própria glória e depois ordenou que homem fosse o instrumento supremo pelo qual Ele pudesse manifestar essas glórias. Foi por esse motivo que o homem foi feito à própria imagem e semelhança de Deus — uma descrição que pertence somente ao homem e um termo que nunca foi usado a respeito de qualquer outra criatura de Deus.

Não há dúvidas de que o homem foi criado para esta terra. Por razões que só Deus conhece, Deus escolheu a Terra para a esfera de atividade do homem. Ele fez o homem do pó da Terra e adaptou a nossa natureza às condições da Terra.

Você já parou alguma vez para agradecer a Deus pela adaptação que recebeu para viver no ambiente à sua volta? Não seria possível que você morasse na lua. Não dá para você morar em nenhum outro corpo celeste, até onde sabemos, mas você pode viver nesta Terra. Deus adaptou a nossa natureza para que pudéssemos morar aqui, do mesmo modo que Ele adaptou os peixes para morarem no mar e as aves para viverem no céu. Portanto, Ele fez a Terra para ser o nosso lar e o nosso jardim, a nossa oficina de trabalho e o lugar do nosso descanso.

Contudo, conforme sabemos, as condições da terra que Deus criou especificamente para a humanidade não são exatamente a que conhecemos hoje em dia. Trata-se do mesmo corpo geograficamente — mas na sua criação a Terra se constituía no Éden do amor perfeito, em que Deus andava com os homens em paz e beleza. Na beleza da sua presença viva, Deus criou o céu e a terra, e o resplendor de Deus sobre a Terra criou os próprios campos, prados, árvores e gramados de forma gloriosa e celestial.

Foi aí que aconteceu a queda do homem.

Ninguém nunca conseguirá ser capaz de argumentar nem se convencer de que a queda do homem de sua glória e perfeição não aconteceu. Muitos já questionam o nosso direito de acreditar que o ser humano é uma criatura decaída — mas essa é a mais exata descrição da sua natureza.

A queda do homem desencadeou um grande choque moral. Tratou-se de um choque que foi sentido no coração de Deus, em toda a face da terra e certamente em toda a natureza do homem — corpo, alma e mente, e espírito.

Não é demais dizer que essa tragédia que explicamos como a queda do homem foi de uma magnitude jamais conhecida antes em toda a extensa criação de Deus. Foi mais ampla do que a queda dos anjos que a Bíblia diz que não mantiveram o seu estado primordial mas deixaram a sua própria habitação e, por causa disso, foram abatidos para a escuridão e para o juízo eterno.

Esta é a magnitude da queda e do pecado do homem — o homem perdeu o direito a esta terra, e, sendo assim, somente pode permanecer aqui por um tempo bem curto.

Bernardo de Cluny escreveu a respeito do ser humano: "Tua porção é a vida curta" — mas esse não era o plano de Deus nem o seu desejo para ele no princípio. Deus adaptou o homem à terra e a terra ao homem ao dizer: "Sede fecundos, multiplicai-vos, enchei a terra e sujeitai-a. [...] Eis que vos tenho dado todas as ervas que dão semente e se acham na superfície de toda a terra e todas as árvores em que há fruto que dê semente; isso vos será para mantimento".

A partir daí, o homem pecou e perdeu seu direito à terra, e foi necessário que o Criador dissesse: "Agora só podes ficar um pouquinho". É durante esse pouco tempo que ele permanece aqui, perde o Éden com seu paraíso de paz e amor, enquanto a própria terra sofre com a poluição. Ele tem de lidar com doenças e enfermidades, sofrimentos e tristezas, mortalidade e até mesmo a própria morte.

Alguém pode questionar a listagem da mortalidade e da morte, como se as duas significassem a mesma coisa.

Na verdade, a mortalidade se constitui na sentença de morte. A morte é a execução da sentença da mortalidade. Elas não são a mesma coisa. A morte é o ato final — a mortalidade do homem se acha na sua consciência de que ele nunca poderá escapar dela.

Na história, existe o relato de um prisioneiro político famoso que se apresenta diante do juiz. Quando lhe perguntam se ele tem algo a dizer antes de ser proferida a sentença, o homem responde negativamente. O juiz então declarou: "Portanto, eu delibero que no dia estabelecido você será enforcado até morrer. Você foi condenado à morte". Foi nesse momento que o prisioneiro disse: "Meritíssimo, a natureza também o condenou à morte". Com dignidade, ele deu às costas ao juiz e voltou para sua cela.

Para a humanidade, a Terra se tornou símbolo da mortalidade e da morte, da perda do Éden com todas as suas alegrias e da perda do paraíso da paz e da presença de Deus. É por isso que a Terra não tem uma boa reputação para os crentes em Cristo. Quanto mais maduros ficamos na vida espiritual e na dedicação a Cristo, menos desejamos as coisas desta terra. Ficou claro para nós que esta terra, com as sombras e a sua escuridão, com suas decepções e suas promessas vazias, suas dores, e tristezas, e amarguras que ecoam nas noites, é um símbolo de tudo que não se parece com Deus.

Diante dessa realidade, o cristão ainda sabe com certeza que Deus não o esqueceu. O homem foi feito à imagem de Deus, não foi esquecido — Ele prometeu um plano para restaurar aquele que foi feito à sua imagem.

Os anjos que se rebelaram e não mantiveram o seu estado original não possuem redentor, porque eles não foram feitos à imagem e semelhança de Deus. Essas criaturas estranhas ou bizarras que chamamos de demônios não foram feitas à imagem de Deus. Eles também não possuem um redentor. Lúcifer, o filho da manhã, que disse: "Serei como Deus", não possui nem redenção nem salvação da sua queda, porque ele não foi criado à imagem de Deus.

Somente essa criatura chamada "homem" foi realmente criada por Deus à sua própria imagem e semelhança. Portanto, quando o homem falhou, pecou e caiu, Deus disse: "Agora descerei".

Deus desceu para nos visitar na forma humana, porque em Jesus Cristo temos a encarnação, "Deus manifestado em carne", o próprio Deus desceu até essa ilha terrestre de sofrimento humano e tomou nossa perda, levando sobre si nossos deméritos, e, ao fazer isso, nos remiu de volta para Ele. Jesus Cristo, o Rei da glória, o Filho eterno do Pai, em sua vitória sobre o pecado e a morte, abriu o reino dos céus para todos os crentes.

Isso é o que a Bíblia ensina. Isso é que a igreja cristã acredita. Essa é a essência das doutrinas da igreja cristã relacionadas à expiação e à salvação.

Além da sua morte, ressurreição e ascensão, a obra atual de Cristo é dupla. Ele é o nosso advogado lá em cima — o Salvador ressuscitado com o ofício de sumo sacerdote diante do trono de Deus; além do ministério de preparar um lugar para o seu povo na casa de seu Pai que também é nosso Pai.

Ora, deve ser dito que o pecado exige uma separação entre a alma e o corpo. Embora seja adequado dizer que o homem foi feito para a terra, realmente é igualmente necessário dizer que o corpo do homem é feito para a terra. Foi o seu corpo que foi feito do pó da terra, porque o homem se tornou alma vivente quando Deus soprou em suas narinas o fôlego da vida. A imagem de Deus não se achava no corpo do homem, mas no espírito que faz dele um ser humano. O corpo não passa de um instrumento pelo qual a alma se manifesta por aqui — nada além disso.

É a partir desse contexto, no entanto, que precisamos fazer um alerta de que o nosso corpo humano não pode ser desprezado.

Deus achou adequado nos conceder esse instrumento incrivelmente delicado, adaptável e lindo — o corpo humano. Se não existisse o pecado, nunca haveria a menor sombra de dúvida a respeito da beleza, da dignidade e da utilidade do corpo.

Não devemos pensar que se constitui em uma atitude humilde censurar e denegrir o corpo que Deus nos deu. Ele nos serve bem, mas não tem poder em si mesmo. Ele não tem vontade própria. O corpo não pode expressar afeto ou emoção, nem mesmo possui processos de pensamento. Os nossos processos de pensamento humanos residem na alma, na mente humana, no espírito humano. Entretanto, Deus ordenou que é pelo instrumento do corpo que a nossa capacidade de pensar brilha e se expressa.

O apóstolo Paulo deixou um ensino claro quanto a isso quando disse o seguinte:

> Não reine, portanto, o pecado em vosso corpo mortal, de maneira que obedeçais às suas paixões; nem ofereçais cada um os membros do seu corpo ao pecado, como instrumentos de iniquidade; mas oferecei-vos a Deus, como ressurretos dentre os mortos, e os vossos membros, a Deus, como instrumentos de justiça. [...] Mas graças a Deus porque, outrora, escravos do pecado, contudo, viestes a obedecer de coração à forma de doutrina a que fostes entregues; e,

uma vez libertados do pecado, fostes feitos servos da justiça. Falo como homem, por causa da fraqueza da vossa carne. Assim como oferecestes os vossos membros para a escravidão da impureza e da maldade para a maldade, assim oferecei, agora, os vossos membros para servirem à justiça para a santificação.

É importante que percebamos que o corpo humano não é nada mais que um instrumento, porque existem aqueles que ensinam que Cristo não podia ser Deus na carne porque o corpo é mau e, por causa disso, Deus não poderia entrar em contato com o mal.

A falsa premissa por trás disso é a crença de que o corpo humano é ruim. Não existe maldade dentro da matéria inerte. Não há nada de errado na matéria propriamente dita. O mal reside no espírito. Os males do coração, da mente, da alma, do espírito se relacionam com o pecado do homem, e a única razão pela qual o corpo humano pratica o mal é porque o espírito humano o usa em sua realização.

Por exemplo, uma arma guardada em uma gaveta consiste em algo inofensivo e, por si só, não tem o poder de ferir nem de causar dano. Quando, porém, algum homem irritado a toma nas mãos, ele se torna senhor desse instrumento. Diz-se que esse instrumento inflige dor e morte, mas isso não é verdade. O motivo, a intenção e a orientação para o mal está na vontade e na emoção do homem, e ele usa a arma como instrumento para tudo isso.

Os homens têm sido conhecidos por usar suas mãos para estrangular os outros até a morte no surto mais alto de raiva, de ciúme e de malícia. As mãos matam — mas não propriamente esses órgãos materiais. Afaste o comando desse espírito distorcido dessas mãos que elas jazerão inertes até se decomporem.

De modo algum o pecado reside no corpo humano. Não há nada de ruim nele. O pecado reside na vontade do homem, e quando o homem quer pecar, ele usa seu corpo como um instrumento incapaz de agir e de fazer o mal por si mesmo para dar cabo a seus propósitos malignos.

O fato de que o corpo não pode agir fora do comando do espírito do homem consiste em uma boa verdade e o citamos aqui como prelúdio para o fato de que existem muitas mansões na casa do nosso Pai no céu, na Nova Jerusalém, na cidade quadrangular.

Acho que os cristãos deveriam conhecer e entender o pensamento e a filosofia de Deus por trás de sua provisão eterna para seus filhos. Não fico feliz com a atitude de alguns cristãos que se limitam a repetir as verdades de Deus de forma mecânica.

Algumas pessoas acham que é espiritual simplesmente aceitar todos os dogmas sem nenhuma reflexão nem compreensão efetiva — "Sim, eu creio porque a Bíblia diz e pronto!".

Espera-se que sejamos cristãos maduros que cresçam a cada dia mais, capazes de dar uma resposta com entendimento a respeito da nossa fé. Espera-se que sejamos muito mais do que simples papagaios.

O papagaio no pet shop pode ser ensinado a citar João 3:16 ou algumas partes do Credo dos Apóstolos se você o recompensar com petiscos. Se tudo o que quisermos for que alguém nos forneça a verdade sem que saibamos ou entendamos suas razões, então não passamos de papagaios cristãos dizendo "Eu creio! Eu creio!".

Acho que nós, cristãos, devemos passar mais tempo pensando sobre o significado e as implicações da nossa fé, e, se pedirmos a Deus para nos ajudar, saberemos o motivo pelo qual Ele nos trata dessa forma e por que o futuro reserva promessas gloriosas para os filhos de Deus.

Portanto, as Escrituras apoiam a nossa crença de que enquanto o corpo não pode agir sem o espírito, é possível ao espírito agir fora do corpo.

Você se lembra daquilo que o apóstolo escreveu em 1Pedro 3:18? Pedro declarou:

> Cristo morreu, uma única vez, pelos pecados, o justo pelos injustos, para conduzir-vos a Deus;

> morto, sim, na carne, mas vivificado no espírito, no qual também foi e pregou aos espíritos em prisão, os quais, noutro tempo, foram desobedientes quando a longanimidade de Deus aguardava nos dias de Noé.

Ora, isso nos diz bem claramente que Cristo Jesus estava agindo de forma bem específica, inteligente e criativa enquanto seu corpo descansava no novo túmulo de José de Arimateia. O corpo não podia se mexer nem podia fazer nada sem o seu espírito; mas, enquanto o corpo ainda estava na sepultura de José, o seu espírito se ocupava em pregar aos espíritos em prisão, que anteriormente tinham sido desobedientes nos dias de Noé.

Você pode dizer: "Mas isso diz respeito a Jesus, o Cristo. Mas e quanto às outras pessoas?".

Deixe-me citar para vocês o capítulo 6 do Apocalipse, começando no versículo 9:

> Quando ele abriu o quinto selo, vi, debaixo do altar, as almas daqueles que tinham sido mortos por causa da palavra de Deus e por causa do testemunho que sustentavam. Clamaram em grande voz, dizendo: Até quando, ó Soberano Senhor, santo e verdadeiro, não julgas, nem vingas o nosso sangue dos que habitam sobre a terra? Então, a cada um deles foi dada uma

vestidura branca, e lhes disseram que repousassem ainda por pouco tempo, até que também se completasse o número dos seus conservos e seus irmãos que iam ser mortos como igualmente eles foram.

Observamos aqui que havia algumas almas que se reuniam de modo seguro debaixo do altar de Deus, e se tratava de almas de homens e mulheres que tinham sido mortos. O que foi morto? O corpo, não a alma. Jesus disse o seguinte a seus discípulos: "Não temais os que matam o corpo e não podem matar a alma; temei, antes, aquele que pode fazer perecer no inferno tanto a alma como o corpo".

É interessante e proveitoso observarmos o que essas almas estavam fazendo. Encontramos essas almas fazendo uso de inteligência, memória, vemos que elas oravam, vemos que elas tinham um senso de justiça. Além disso, observamos que elas reconheciam que Deus era santo e verdadeiro, que os homens habitam na Terra e eles sabem que Deus é um juiz que vindica a si mesmo e àqueles cujo sangue tinha sido derramado. Todas essas coisas eram verdade a respeito das almas cujos corpos estavam mortos.

Portanto, é totalmente possível para o seu espírito agir fora do corpo, mas não é possível para o corpo agir sem o espírito. Além do mais, quero acrescentar que não se tenta demonstrar as ações do espírito sem o corpo enquanto estamos nesta vida. Deus não sugere isso nesta vida.

Os espíritas, que se intitulam médiuns, que batem nas mesas, espiam e olham nas bolas de cristal tentam liberar o espírito e falam sobre o espírito saindo do corpo e liberando o homem aqui na Terra. Não é isso que acontece! Fantasmas, feiticeiros e aparições — toda essa atividade está debaixo da interdição do Deus todo-poderoso. Deus espera que nós permaneçamos dentro do nosso corpo agora, servindo a Ele até o dia em que o Senhor nos libere e o nosso espírito possa passear.

Por que não poderemos levar o nosso corpo nesse dia? Por causa do pecado. O pecado do homem separou o nosso espírito do nosso corpo.

A esse ponto em nosso pensamento, pode surgir a pergunta: "Se o nosso corpo é separado na morte, por que é que o céu existe?". Alguns assumiram nesse ponto a crença de que não existe céu — que a Terra deve ser o céu do ser humano, que o homem receberá a imortalidade e que a Terra será a sua esfera de ação.

Esse pode ser um pensamento interessante do ponto de vista humano, mas não é o que a Bíblia ensina.

A Bíblia tem uma resposta definitiva para nós. Ela diz que Deus nos criou à sua imagem nos dando seu fôlego de vida, nos tornando alma vivente. Então, naquela calamidade desastrosa, no desastre moral da queda, todos os homens perderam as bênçãos do seu estado original e a partir dela sentiram seus resultados tristes em seu corpo, alma, espírito e mente.

A resposta da Bíblia inclui Deus enviando o seu Filho para nos remir e nos restaurar. Algumas pessoas parecem achar que Jesus só veio para nos reivindicar ou restaurar para que pudéssemos ter a nossa imagem de Adão restituída. Permita-me lembrá-lo de que Jesus Cristo fez infinitamente mais em sua morte e ressurreição do que simplesmente desfazer o dano da queda. Ele veio para nos elevar à imagem de Jesus Cristo, não simplesmente à imagem do primeiro Adão. O primeiro Adão era uma alma vivente, o segundo Adão era um Espírito vivificante. O primeiro Adão era feito do pó da terra, mas o segundo era o Senhor do céu.

Então, a redenção em Cristo não é para pagar de volta na mesma moeda ou para ajeitar o homem e restaurá-lo à graça adâmica. O propósito e a obra de redenção em Cristo Jesus é elevar o homem o mais alto possível com relação a Adão quanto o próprio Cristo, e, ao fazer isso, o transforma pelo Espírito de Deus à imagem de Cristo.

Portanto, podemos dizer que a Terra pode ter sido boa o suficiente para aquela criatura que foi feita de pó e barro, mas não é boa o suficiente para a alma vivente que é remida pelo sangue real. A Terra era adequada para ser a habitação eterna daquela criatura que foi feita pelas mãos de Deus, mas não era própria nem suficiente para ser a habitação eterna daquele ser regenerado que foi transformado pelo Espírito Santo. Todo cristão nascido de novo foi elevado — do nível da raça adâmica decaída para o plano celestial do Cristo que nunca caiu e é vitorioso. Ele pertence ao céu!

Enquanto isso, o pecado separa o corpo e a alma. É por isso que o Senhor Jesus Cristo, prestes a deixar a Terra depois da sua ressurreição, disse aos seus discípulos: "Na casa de meu Pai há muitas moradas. Se assim não fora, eu vo-lo teria dito. Pois vou preparar-vos lugar. E, quando eu for e vos preparar lugar, voltarei e vos receberei para mim mesmo, para que, onde eu estou, estejais vós também".

É uma coisa incrível que Jesus Cristo tenha afirmado que nunca deixou o seio do Pai. Ele disse que o Filho do Homem, que está no seio do Pai, declarou isso. Embora Jesus estivesse na Terra, andando como homem entre homens, pelo mistério do Deus sempre presente e da essência indivisível da divindade, Ele podia permanecer no seio do Pai, e assim o fez.

Portanto, eu e você somos destinados à elevação e à promoção. Não nos esqueçamos de que foi o Senhor Deus Altíssimo que criou o homem e soprou nele o fôlego da vida, de modo que ele se tornou alma vivente. Assim estava o homem — e depois, na redenção, Deus o elevou infinitamente acima desse nível, de tal maneira que ouvimos o Senhor e Salvador prometendo: "Vou preparar-vos lugar". No tempo da nossa partida, o corpo que Ele nos deu se desintegrará e se desfará como um casulo, porque o espírito do homem se elevará para a presença de Deus. O corpo tem de esperar pelo grande dia da ressurreição ao som da última trombeta, porque Paulo diz: "Os mortos ressuscitarão incorruptíveis, e nós seremos transformados".

Com as promessas tão distintas e lindas de Deus, não é adequado que o cristão tenha tanto medo da morte. O fato de que nós, cristãos, manifestemos uma neurose a respeito da morte indica que não estamos onde deveríamos espiritualmente. Se nós realmente tivéssemos atingido um lugar de um compromisso tão espiritual que as maravilhas do céu estivessem tão próximas que desejássemos a Presença iluminadora de nosso Senhor, nós não faríamos uma manifestação tão temerosa e frenética toda vez que percebemos que existe algo errado com nossa forma física.

Não acho que um cristão verdadeiro e comprometido deva ter medo de morrer. Não temos que nos sentir assim porque Jesus prometeu que prepararia um lugar adequado para todos aqueles que nascerem de novo, sendo elevados da agonia e da tensão deste mundo pelo sangue do concerto eterno para o mundo sublime que é glorioso e gracioso.

Observe que Jesus disse: "Na casa de meu Pai há muitas moradas". A casa é do Pai dele, e também é nossa porque o Senhor Jesus Cristo é o nosso irmão mais velho. Jesus também disse: "Vou para o meu Pai e o seu Pai — o meu Deus e o seu Deus". Se a casa do Pai é a casa de Jesus, ela é também a casa de todos seus outros filhos e filhas.

É isso mesmo! Nós, cristãos, estamos em uma situação bem melhor do que realmente sabemos — e existem muito mais coisas que poderíamos dispensar e não ficar tão abalados a respeito se estivéssemos compromissados honestamente com as promessas a respeito da casa do Pai e das suas várias moradas. É um dos comentários tristes na nossa época que os cristãos podem ser tolos o suficiente para ter seus afetos tão centrados nas coisas dessa Terra que eles esquecem a rapidez com a qual seu tempo limitado neste corpo e sobre essa Terra passará.

Tenho certeza de que o nosso Senhor está procurando por cristãos com a mente voltada para o céu. A sua Palavra nos incentiva a confiar nele com tanta pureza de propósito que Ele é capaz de nos livrar do medo da morte e das incertezas do amanhã. Acredito que Ele está lá em cima preparando uma mansão para mim — "Ele está construindo uma mansão que durará para sempre; porque minha estada não acabará naquela terra tão feliz".

Leia novamente o que João disse sobre sua visão a respeito do futuro vindouro.

"Vi novo céu e nova terra, pois o primeiro céu e a primeira terra passaram, e o mar já não existe. Vi também a cidade santa, a nova Jerusalém, que descia do céu, da parte de Deus, ataviada como noiva adornada para o seu esposo".

Irmãos, digo isso porque é muito ruim que tenhamos relegado essa passagem para ser lida na maioria das vezes para os cultos fúnebres. O homem que estava relatando isso não estava a caminho de um funeral — ele estava a caminho da Nova Jerusalém!

Ele continuou da seguinte forma:

> Então, ouvi grande voz vinda do trono, dizendo: Eis o tabernáculo de Deus com os homens. Deus habitará com eles. Eles serão povos de Deus, e Deus mesmo estará com eles. E lhes enxugará dos olhos toda lágrima, e a morte já não existirá, já não haverá luto, nem pranto, nem dor, porque as primeiras coisas passaram.

João passa a descrever aquela cidade grande e linda repleta da glória de Deus, com sua luz parecida com as pedras mais preciosas como o jaspe, clara como cristal.

"Nela, não vi santuário, porque o seu santuário é o Senhor, o Deus todo-poderoso, e o Cordeiro. A cidade não precisa nem do sol, nem da lua, para lhe darem claridade, pois a glória de Deus a iluminou, e o Cordeiro é a sua lâmpada."

Ah, o povo de Deus devia ser o povo mais feliz em toda a face dessa terra! As pessoas deviam estar vindo até nós constantemente para nos perguntar a fonte da nossa alegria e do nosso prazer — por sermos remidos pelo sangue do Cordeiro e abandonarmos o passado para que nunca mais seja lembrado. Deus é o nosso Pai, Cristo é o nosso Irmão, o Espírito é o nosso Advogado e Consolador. O nosso Irmão foi para a casa do Pai para nos preparar lugar, deixando conosco a promessa de que Ele voltará.

Não envies Moisés, Senhor, nem pense nele! Ele quebrou as tábuas de pedra.

Não mandes Elias para mim, Senhor! Tenho tanto medo dele — ele invocou fogo do céu!

Não envies Paulo, Senhor! Ele é tão letrado que me sinto como um garotinho quando leio as cartas dele.

Ó Senhor Jesus, vem Tu mesmo! Não tenho medo de ti. Tomaste as criancinhas como ovelhas para o seu rebanho. Perdoaste a mulher surpreendida em adultério. Curaste a mulher tímida que estendeu a mão para te tocar em meio à multidão. Não temos medo de ti!

Ainda assim, ora vem Senhor Jesus!

Vem depressa!

9

Você permitirá que a semelhança de Cristo seja reproduzida em você?

Estou crucificado com Cristo; logo, já não sou eu quem vive, mas Cristo vive em mim; e esse viver que, agora, tenho na carne, vivo pela fé no Filho de Deus, que me amou e a si mesmo se entregou por mim.

GÁLATAS 2:20

PARECE HAVER UMA GRANDE MULTIDÃO de cristãos confessos em nossas igrejas cujo testemunho incrível é semelhante a este: "Sou grato pelo plano de Deus de enviar Cristo à cruz para me livrar do inferno".

Tenho certeza de que é esse tipo de cristianismo barato, enganoso e de qualidade inferior que leva as pessoas a se levantarem e dizerem o seguinte: "Eu tinha dívidas imensas por causa do pecado — e então Deus enviou o seu Filho, que veio e pagou todas elas".

É claro que os homens e as mulheres que creem em Cristo são salvos do juízo do inferno e participam de uma realidade em que Cristo, o nosso Redentor, pagou todo o escrito de dívida e pecado que era contra nós.

E o que Deus diz a respeito dos seus propósitos ao permitir que Jesus passasse pela cruz e fosse à sepultura? O que Deus diz sobre o significado da morte e da ressurreição para o crente?

É claro que conhecemos a Bíblia o suficiente para sermos capazes de responder a isso: o maior propósito na redenção da humanidade pecadora se baseava em na esperança de que permitíssemos que a semelhança de Jesus Cristo fosse reproduzida em nossa vida, antes marcada pelo pecado.

Essa é a razão pela qual devemos nos interessar nesse texto — no testemunho do apóstolo Paulo no qual ele passa sua própria teologia para os cristãos da Galácia que ficaram famosos por seus deslizes. Trata-se de uma linda miniatura, que brilha como uma joia incomum e ofuscante, todo um comentário a respeito da vida e da experiência profunda do cristianismo. Não estamos tentando tirá-lo do contexto para lidar somente com ele; simplesmente reconhecemos o fato de que o contexto é sobremodo amplo para ser tratado somente em uma mensagem.

São as versões baseadas em João Ferreira de Almeida que citam Paulo dizendo o seguinte: "Estou crucificado com Cristo". Praticamente todas as outras citam a frase de Paulo desta forma: "Fui crucificado com Cristo", e esse realmente é o sentido: "Já fui crucificado com Cristo".

Às vezes, esse versículo é citado por pessoas que simplesmente o memorizaram e não teriam como dizer o que Paulo realmente estava tentando comunicar. Não se trata de uma porção das Escrituras que possa ser lida superficialmente. Não dá para percorrer e passar por esse versículo da maneira que muitos parecem ser capazes de fazer com o Pai-Nosso ou com o salmo 23.

Esse é um versículo que possui tanta profundidade de sentido e potencial espiritual para o crente que somos obrigados a buscar o seu sentido completo — de modo que ele possa se tornar prático, viável e aplicável por toda a vida no mundo atual.

É claro nesse texto que Paulo foi franco ou direto quanto ao seu envolvimento pessoal em buscar e descobrir os maiores desejos e as maiores provisões de Deus para a experiência e para a vitória cristã. Ele não teve reservas para expor as implicações de sua própria personalidade ao se envolver nas reivindicações de Jesus Cristo.

Ele não somente testifica de forma clara que "foi crucificado", mas, no entorno desses versículos, ele usa as palavras "eu, "eu mesmo!" e "me" em um total de 14 vezes.

Com certeza existe na Bíblia uma boa defesa da humildade na personalidade humana, mas existem casos em que ela pode ser exagerada.

Um missionário veterano muito querido nos visitava de vez em quando. Ele é culto e educado — e modesto até demais. Com uma grande riqueza de material e de conquistas missionárias para contar, ele sempre se recusava a usar qualquer referência a si mesmo na primeira pessoa.

Quando era perguntado sobre algo que tinha acontecido em sua vida missionária pioneira, ele disse: "Certo homem se lembra quando estava na China e viu...". Isso parece estar levando a ideia de modéstia longe demais, portanto eu lhe disse, para brincar, que se ele tivesse escrito o salmo 23, seria assim: "O Senhor é pastor de um homem, nada faltará a ele; Ele faz que esse homem ande em pastos verdejantes e seja levado...".

Acredito que Paulo sabia que existe um lugar e uma hora certa para se utilizar a palavra "eu". Nas questões espirituais, algumas pessoas parecem querer manter uma espécie de anonimato, se isso for possível. No que diz respeito a elas, alguém deve dar um primeiro passo. Alguns cristãos são tão genéricos, e vagos, e distantes em seus pedidos que o próprio Deus não os consegue atender. Eu me refiro ao homem que curva sua cabeça e ora da seguinte forma: "Senhor, abençoa os missionários e todos aqueles pelos quais devemos orar. Amém".

É como se Paulo nos dissesse nessa passagem: "Não me envergonho de me usar como exemplo. Eu fui crucificado com Cristo. Estou disposto a me identificar".

Somente o cristianismo reconhece o motivo pelo qual a pessoa que não tem Deus nem percepção espiritual entra em um conflito tão profundo com o próprio eu. Quando ela diz a palavra "eu", está falando sobre a totalidade de seu ser individual, e se não sabe realmente quem é ou o que está fazendo aqui, e é assolada em sua personalidade com todo tipo de perguntas, problemas e incertezas.

A maior parte das religiões de psicologia superficial do nosso tempo tentam lidar com o problema do ego oscilando entre uma posição e outra, mas o cristianismo lida com o problema do "eu" fazendo uso dessa palavra com um propósito.

A Bíblia ensina que todo ser humano que não foi regenerado continuará a ter problemas sérios com o seu ego natural e com o seu egoísmo. Sua natureza humana vem desde Adão, mas a Bíblia também ensina com alegria e bênção que todo indivíduo pode nascer de novo, se tornando desse modo um "novo homem" em Cristo.

Quando Paulo fala nesse texto que foi crucificado, ele está dizendo o seguinte: "o meu ego natural foi crucificado". É por isso que ele pode prosseguir dizendo: "mas ainda vivo" — porque se tornou uma nova pessoa — "eu vivo em Cristo e Cristo vive em mim".

É esse primeiro "eu", o eu natural, que confronta a ira justa de Deus. Deus não pode reconhecer nem aceitar o homem natural e egoísta — porque não ele passa de alguém que não é regenerado e que é estranho, a essência completa de tudo que é contra Deus!

Eu sei que existem homens e mulheres que descartam a ideia de alguma coisa ser contra Deus ou contra Cristo. Eles não estão dispostos a dar nenhuma atenção aos ensinos da Bíblia relativos à profecia ou à escatologia.

Mesmo assim, é um fato bíblico de que tudo que não passa pelo processo de crucificação nem da transmutação, sendo transformado na nova criação, é contra Cristo. Jesus disse que tudo que não está com Cristo é contra Ele — aqueles que não estão do seu lado são contra Ele. Não sabemos ao certo o que fazer com essas palavras de Cristo, portanto tentamos evitá-las ou modificá-las em uma versão nova e mais suave, mas Jesus disse: "Quem comigo não ajunta espalha".

Existe um grande tom e um grande clamor por todo o mundo atual em favor da tolerância, e boa parte dele vem de um espírito cada vez mais expressivo de impiedade nas nações. As nações comunistas, que são as mais intolerantes, estão pregando e apelando em favor da tolerância a fim de derrubar todas as fronteiras das religiões e envergonhar o povo norte-americano com nossos problemas sociais e raciais.

Esta é a situação do povo de Deus: o livro mais intolerante de todo o mundo é a Bíblia, a Palavra inspirada de Deus, e o mestre mais intolerante que já se dirigiu a algum público foi o próprio Senhor Jesus Cristo.

Por outro lado, Jesus Cristo demonstrou a grande diferença entre ser caridoso e ser tolerante. Jesus Cristo era tão caridoso que, em seu grande coração, Ele acolheu todo o povo do mundo e se dispôs a morrer até mesmo por aqueles que o odiavam.

Porém, mesmo com esse tipo de amor e caridade caracterizando o seu ser, Jesus era tão intolerante que ensinou: "Quem não é comigo é contra mim. Quem não crê que Eu Sou morrerá em seus pecados". Ele não deu nenhum meio-termo para acomodar os neutros que pregam a tolerância. Não existe nenhuma "zona intermediária" nos ensinos de Jesus — nenhum lugar em cima do muro.

Caridade é uma coisa, mas tolerância é algo bem diferente.

A tolerância facilmente se torna uma questão de covardia quando se leva em conta os princípios espirituais, quando se ignora ou se esquece dos ensinos da Palavra de Deus.

Suponham que assumamos a postura concessiva que muitos de nós queremos assumir: "Todos venham e sejam salvos se quiserem, mas se não quiserem ser salvos, talvez exista algum outro caminho que podemos achar para vocês. Queremos que acreditem no Senhor Jesus Cristo se quiserem, mas se vocês não quiserem, pode haver uma possibilidade de que Deus encontrará algum outro caminho para vocês porque existem aqueles que dizem que há muitos caminhos para Deus".

Isso não seria equivalente a um espírito de tolerância da nossa parte — isso não passaria de uma covardia sem tamanho. Seríamos passíveis como muitos outros de um espírito de transigência que acaba se transformando facilmente em uma atitude contra Deus.

O verdadeiro cristianismo lida com o problema humano da vida do ego, com a questão básica do "eu, eu mesmo e mim". O Espírito de Deus lida com isso com uma destruição intolerante e definitiva, dizendo: "Para que Deus seja glorificado, esse eu egoísta não pode viver".

O próprio Deus lida com esse aspecto da natureza humana — a soma de toda a nossa vida orgulhosa — e sentencia uma condenação severa sobre ele, o reprovando de forma franca e categórica, rejeitando-o de forma completa.

E o que Deus tem a dizer a respeito disso?

"Eu sou o único Deus, e não tenho nenhuma parte com o eu egoísta do homem, no qual encontro a essência da rebelião, da desobediência e da incredulidade. A natureza do homem, em seu egoísmo e em sua soberba da vida" é inimiga de Deus — além de ser pecaminosa de fato.

É justamente nesta questão de como tratar a natureza orgulhosa, perversa e pecaminosa do homem que descobrimos duas posturas dentro da estrutura do cristianismo.

Uma delas é aquela que se baseia fortemente na prática da psicologia e da psiquiatria. Existem aqueles que se intitulam líderes cristãos que afirmam que Jesus veio ao mundo para trazer um ajuste ao nosso ego, ao nosso egocentrismo, ao nosso orgulho, ou seja, para a nossa perversidade. Eles declaram que podemos nos tornar completamente ajustados à vida e uns aos outros tratando os complexos e os conceitos distorcidos que recebemos quando nossa mãe nos repreendia em nossa primeira infância. Portanto, existem milhares de encaminhamentos, porque os religiosos transportam os nossos problemas da igreja para o divã psiquiátrico.

Por outro lado, graças a Deus, a Bíblia diz claramente que Jesus Cristo veio dar um fim ao ego — não o educar, nem o tolerar, muito menos o refinar. Ninguém pode dizer nunca que Jesus Cristo veio para nos dizer como cultivar o nosso ego natural e o nosso orgulho. Jesus nunca ensinou que podemos aprender a lidar com o eu grandioso e soberbo em nossa ida por implantar nele um amor por Bach, Beethoven ou Leonardo Da Vinci.

Paulo resumiu o tratamento espiritual completo: "Estou crucificado com Cristo [...] e a vida que agora vivo na carne, vivo-a na fé do Filho de Deus, o qual me amou e se entregou a si mesmo por mim".

Trata-se de uma decisão e de uma atitude de fé e compromisso que se espera na vida de todo crente.

Quando vemos que Jesus Cristo veio ao mundo para tratar nossa vida do eu, do egoísmo e do orgulho, temos de tomar uma posição.

Com a ajuda de Deus dizemos ao grande *eu* em nossa natureza: "Este é o fim da linha para você — você foi deposto. Você acaba de perder o governo!". Em um arrependimento sincero e reprovando a si mesmo, podemos dar as costas para a velha vida calcada no egoísmo. Podemos nos recusar a prosseguir nessa vida. Temos o direito e o poder de esvaziar suas fileiras e passar para a vitória espiritual e para a bênção do lado do Emanuel, caminhando alegremente debaixo da bandeira da cruz de Jesus Cristo a partir desse momento.

É isso que significa tratar e finalmente descartar o "velho homem", a velha vida do ego, que ainda causa problemas na vida de tantos cristãos. Assumimos um lugar de identificação verdadeira com Jesus Cristo em sua crucificação, seu sepultamento e sua ressurreição.

Na vida cristã, é esse o sentido que se deve dar ao batismo, mas é triste dizer que o batismo não é nada mais do que um mergulho rápido para as pessoas em geral porque elas não têm a mínima ideia do que ele representa. Não se sabe que o batismo na verdade deveria ser um testemunho exterior e visível de uma transformação interna e espiritual que aconteceu no seu interior; um símbolo que declara que a velha natureza humana, que é egoísta e perversa é rejeitada com humildade, descartada, crucificada e declarada morta.

É esse que deve ser o significado do batismo para o crente — morte e sepultamento com Cristo, seguida do levantamento dentre os mortos com Ele pelo poder da sua ressurreição. Isso pode acontecer sem que se faça nenhum batismo de qualquer espécie, mas é isso que o batismo deve indicar. Ele deve firmar essa identificação com a morte e a ressurreição de Jesus Cristo, do mesmo modo que a aliança de casamento testemunha e firma o fato de que uma pessoa se casou.

Ora, é impossível unir e sincronizar essas duas posturas a respeito da velha vida e da natureza do ego. Não acredito que tenhamos que obrigatoriamente nos encaixar nessas duas posturas ao mesmo tempo. Ou o Senhor Jesus veio para dar fim ao ego e revelar uma vida nova de vitória espiritual, ou Ele veio para remendar e consertar esse velho ego — com certeza Ele não veio para fazer essas duas coisas ao mesmo tempo.

Espero que alguém diga: "Estamos interessados na vitória espiritual e na bênção em nosso grupo, mas a nossa abordagem não se encaixa na sua!".

Para responder isso, só posso dizer que, com base na Palavra de Deus, a verdadeira identificação com Cristo na sua morte, sepultamento e ressurreição levará os homens e as mulheres à semelhança de Cristo. Deus nunca prometeu gerar sua imagem em nós segundo as tendências do nosso grupo em particular. Formar a semelhança de Jesus Cristo na vida e na personalidade dos homens é algo que Ele faz da mesma forma em todos os grupos e em todas as conferências e grupos de comunhão ao redor do mundo, independentemente do nome com o qual se identificam.

Na verdade, não dá para remendar nem consertar a velha vida do ego. Toda a evidência do Novo Testamento afirma que o velho homem está completamente arruinado. Não existe nele nenhuma essência de bondade, ele se apega a valores falsos e a sua sabedoria é no mínimo questionável. Somente nova criatura em Cristo Jesus — o novo homem em Cristo — deve viver. A partir do momento desse compromisso, temos de nos considerar mortos para o pecado para sermos vivo para Deus em Cristo Jesus.

No entanto, o ego natural, o "eu, eu mesmo e o mim" da nossa natureza, está continuamente fazendo um relatório, buscando e esperando encontrar alguma ajuda humana para tentar esquecer e fugir do passado de culpa, algo que o fará mais aceitável diante de Deus, algo que o capacitará a se desenvolver ao máximo o potencial de sua natureza.

Parte da frustração natural do homem é a percepção e o sentimento interno de que ele nunca está à altura nem no potencial pleno que lhe foi concedido na criação. Na verdade, acredito que Deus criou cada um de nós com uma planta baixa que representa os seus desejos mais sublimes para o uso de nossas várias capacidades nesta vida.

Com essa planta de Deus se estendendo em todas as direções, o que geralmente acontece na vida e na personalidade humana? Bem, podemos ver uma casinha utilitária ou uma cabana no meio dela, e, depois de alguns anos de trabalho árduo, algum acréscimo de algum tipo, mas o alcance da personalidade humana que retratamos desse modo nunca se estende aos limites dessa planta.

A natureza humana em suas dificuldades e no seu tatear nunca foi capaz de finalmente enrolar essa planta baixa, guardá-la na prateleira e dizer: "Graças a

Deus, a minha existência aqui na terra equivale a tudo o que Deus quis que ela fosse! O último muro que foi levantado, aquele arco final foi terminado, o teto está perfeito — trata-se de uma habitação que pode ser considerada completa!".

O potencial e as capacidades da natureza poderosa do homem são quase ilimitados — mas temos de acrescentar que ela não vai muito longe. Sempre me entusiasmo dentro de mim ao considerar tudo o que a criatura humana pode fazer, os grandes poderes e a capacidade de pensar, os poderes da imaginação e da criatividade. Contudo, se homens e mulheres não encontrarem um modo de usar todos esses dons, poderes e talentos de maneira adequada para despertar louvor, honra e glória ao Deus Criador e Redentor, eles ainda não são o que deveriam ser.

Acredito que existe um desejo subconsciente bem no íntimo de todo ser humano para perceber e utilizar seu potencial pleno — o desejo para viver uma vida plena, que geralmente indica a esperança de fugir do passado e a capacidade de enfrentar o futuro com confiança.

No entanto, o que homens e mulheres realmente descobrem quando, durante essa busca, olham para dentro de seu próprio coração? Eles não encontram nada que estão à altura de seus sonhos e esperanças. Eles descobrem que não sabem nada com certeza.

Descobrem que não podem fazer nada aceitável diante de um Deus santo.

O ser humano continua a se reclinar em várias muletas para apoiar o ego, para cultivar o orgulho e encobrir os defeitos óbvios na existência humana. Muitos têm acreditado que a educação continuada pode providenciar esse elo perdido entre a personalidade e o potencial. Muitos se voltaram à busca de filosofias; outros a conquistas culturais. A ancestralidade, o ambiente e o status ocupam muito mais pessoas.

Entretanto, a capacidade de se gloriar a respeito dos antepassados, de apontar com orgulho para a terra de origem ou para os privilégios culturais que temos à disposição — essas coisas não transformam nem mudam, nem mesmo regeneram a natureza humana. Independentemente de nossa raça, das nossas vantagens culturais e educacionais, todos os seres humanos são parecidos. Em minha própria natureza, não sou nada. Não sei nada a respeito de mim mesmo. Diante de Deus, sem a ajuda e a capacitação dele, não tenho nada, nem posso fazer nada.

Contudo, a avaliação do novo homem em Cristo Jesus é tão diferente! Se ele encontrou o sentido do compromisso, o abandono do eu para se identificar com Jesus Cristo em sua crucificação e em sua morte, ele descobre de uma maneira completamente nova a própria presença de Cristo!

Essa nova pessoa deu lugar para a presença de Cristo, portanto existe uma diferença na avaliação pessoal. A pessoa deixa de ser a velha pessoa que não fazia, nem conhecia, nem era, nem tinha nada. Aquele ego que anteriormente era assertivo morreu quando o Salvador crucificado e ressuscitado recebeu seu lugar de direito no comando e no controle de sua personalidade. A antiga avaliação clamava: "Como posso ser o que deveria ser?", mas a avaliação do novo homem se baseia na fé e na alegria em seu reconhecimento de que "Cristo vive em mim".

Paulo expressou isso aos colossenses da seguinte maneira: "Cristo em vós, esperança da glória!", e depois prosseguiu dizendo: "Estais perfeitos nele!".

Paulo escreveu aos efésios para os lembrar que a essência da fé e da esperança em Cristo é a certeza de ser "aceito no Amado".

Para os crentes coríntios, Paulo prometeu libertação e estabilidade totais no conhecimento de que Jesus Cristo "é feito por Deus sabedoria, e justiça, e santificação, e redenção".

Então, a nossa grande necessidade é simplesmente ter Jesus Cristo em nossa vida. Ele é quem nós precisamos. Ele tem o que necessitamos. Ele sabe o que devemos saber. Ele tem a capacidade de fazer em nós o que não podemos fazer — operando em nós o que agradável diante de Deus.

Este é um ponto difícil na doutrina espiritual e na vida de muitas pessoas:

- Mas o que dizer da minha ambição? Sempre fui ambicioso, portanto, isso faz parte de mim. Será que isso não deve ser levado em conta?
- Estou acostumado a administrar minha própria vida do meu jeito — e ainda estou fazendo isso na igreja. Será que devo parar com isso?
- Sempre fui capaz de dar o meu melhor para obter reconhecimento e divulgação. Estou acostumado a ver meu nome no papel. Qual é o proveito de ser crucificado com Cristo?

Meus irmãos e minhas irmãs, vocês têm Cristo, a glória, a capacidade de dar fruto, o futuro, o mundo vindouro, dos quais falamos, e os espíritos dos justos aperfeiçoados; vocês têm Jesus, o mediador de uma nova aliança e o sangue do concerto eterno; uma companhia incontável de anjos, e a igreja dos primogênitos, e a Nova Jerusalém, a cidade do Deus vivo!

Além disso, antes de obter tudo isso, vocês desfrutam do privilégio e da perspectiva de um serviço amável e alegre para Cristo e para a humanidade nesta terra.

Esse é um plano gracioso e uma provisão para homens e mulheres na bondade e na sabedoria de Deus. Ele os ama demais para permitir que vocês continuem a se ostentar, se orgulhar, cultivar seu egoísmo e alimentar o *eu*. Ele simplesmente não tem como permitir esse tipo de assertividade egoísta em seus filhos, portanto, Jesus Cristo opera em nós para nos apresentar completos e fazer tudo novo dentro de nós.

Portanto, como você pode ver, essa realmente é a razão pela qual Jesus Cristo veio a este mundo, para fazer seu tabernáculo entre nós, para morrer por nós. Deus nunca parará de nos moldar e nos formar como filhos queridos de Deus até o dia em que o vermos face a face, e o seu nome estiver escrito em nossa testa. Neste dia, seremos verdadeiramente como Ele e o veremos como Ele é.

Verdadeiramente, nesse dia gracioso, nossa grande alegria não residirá no reconhecimento pessoal de que Ele nos salvou do inferno, mas no conhecimento alegre de que Ele foi capaz de nos renovar, dando fim ao velho homem e criando dentro de nós o novo homem e o novo eu no qual pode ser reproduzida a beleza do Filho de Deus.

Com base nessa provisão, acho que é verdade que nenhum cristão chega ao lugar que deveria até que essa beleza do Senhor Jesus Cristo seja reproduzida em sua vida cristã diária.

Reconheço que isso implica necessariamente em uma questão gradativa nesse tipo de transformação da vida e do caráter.

Certamente nunca houve uma época na existência humana em que pudemos olhar para o nosso próprio ser e dizer: "Bem, graças a Deus, percebi que a obra terminou. O Senhor assinou o retrato. Agora vejo Jesus em minha vida!"

Ninguém tem como dizer isso — ninguém!

Mesmo que a pessoa tenha se tornado semelhante a Cristo — ela não vai perceber isso. Ela será caridosa, cheia de amor, paz, misericórdia, graça, bondade e fidelidade — mas não vai realmente ter noção disso porque a humildade e a mansidão também fazem parte da transformação em uma devoção verdadeira.

Embora ele seja claramente homem de Deus e testemunha de Cristo, ele sempre seguirá em frente, pedindo às pessoas que orem por ele, lendo a Bíblia com os olhos regados de lágrimas e dizendo: "Ó Deus, quero ser como o teu Filho!".

Deus sabe que esse filho querido está se aproximando da semelhança com seu Filho, os anjos e as pessoas que o observam também sabem. Entretanto, ele está tão engajado na vontade e nos desejos de Deus para a sua vida e para a sua personalidade que ele nem tem essa noção, porque a verdadeira humildade nunca faz com que pessoa olhe para si mesma. Emerson escreveu que o olho que só vê a si mesmo é cego e que o olho não vê a si mesmo, mas é o instrumento para se ver tudo. Se o meu olho passasse de repente a ser consciente de si mesmo, eu teria de fato perdido a visão.

Ora, existe uma aplicação prática da vida crucificada e das suas exigências diárias. João Batista percebeu isso de longa data quando disse: "É necessário que ele cresça e que eu diminua".

Eu tenho que diminuir — e Cristo deve crescer cada vez mais. É justamente aí que se sente o peso e a amargura da cruz, meu irmão! De forma jurídica e potencial, eu fui crucificado com Cristo, e agora Deus quer que isso se concretize a olhos vistos. Isso não é tão simples quanto parece. A nossa decisão e o nosso compromisso não deixam que desçamos da cruz. A paz, o poder e a capacidade de dar fruto só podem aumentar de acordo com a nossa disposição de confessar a cada momento: "Não vivo mais eu, mas Cristo vive em mim".

Deus nos chama constantemente para tomar decisões entre aqueles em que há um grande potencial de manifestar a vida de Jesus Cristo.

Temos de decidir: "Agirei à minha maneira ou à maneira de Cristo?".

Será que teimarei na minha própria justiça, mesmo com Deus dizendo que a justiça do Filho dele governa a minha vida?

Posso continuar a viver para a minha própria honra e louvor? Claro que não! Minha vida deve honrar e louvar a Cristo, sendo desse modo agradável a Deus.

"Será que tenho alguma escolha? Posso traçar o meu próprio plano?"

Não! Só poderemos honrar a Deus quando fizermos nossas escolhas em Cristo e vivermos para o cumprimento do plano de Deus.

A teologia moderna se recusa a fazer muita questão disso, mas continuamos a ser confrontados com as escolhas espirituais em nossos hinos. Cantamos com frequência: "Ah, morrer para mim mesmo, querido Senhor; ah, para me perder em ti".

Cantamos palavras como essas, mas logo fechamos o hinário e vamos passear com os amigos para relaxar e tomar um refrigerante gostoso. Esse princípio acaba não sendo efetivado na vida da maioria dos cristãos. Ele não é observado na prática. É por isso que continuo dizendo, ensinando e esperando que essa verdade objetiva se torne uma experiência subjetiva na vida dos cristãos. Porque a vida do cristão que tem a ousadia de dizer que conhecer a verdade já está bom, e que não está a fim de implantá-la na sua vida, não passa de uma farsa ou de um delírio.

Você pode não acreditar que ele disse isso, mas muitos citam a frase de Aldous Huxley, que geralmente criticava o cristianismo ortodoxo e evangélico: "Não existe '*Venha* o *Teu* Reino' sem que eu declare '*Saia* o meu reino'".

Quantos cristãos existem que oram todo domingo na igreja: "Venha o Teu reino, seja feita a Tua vontade" sem perceber em nenhum momento as consequências espirituais dessa intercessão? Com que propósito estamos orando com essas palavras? Será que é melhor mudar essa oração para que se torne um confronto: "Que o meu reino saia para que o teu reino venha"? Com certeza, o reino dele nunca será realidade em minha vida até que o meu próprio reino egoísta seja deposto. É justamente quando eu renuncio, quando deixo de ser rei em meus domínios que Jesus Cristo passa a ser o rei da minha vida.

Ora, irmãos, confesso e garanto para vocês que não existe outro caminho para o líder cristão ter vitória espiritual e bênçãos todos os dias senão aquele que é indicado de forma tão clara na Palavra de Deus. Uma coisa é o ministro escolher um texto poderoso, expô-lo e pregar com base nele, outra coisa é o ministro aplicar o sentido da Palavra no dia a dia de forma honesta e verdadeira. O obreiro nada mais é que um ser humano — e geralmente ele possui um reino de orgulho próprio, um reino de status, geralmente de orgulho e, às vezes, de poder. Os líderes têm de refletir profundamente sobre as consequências espirituais da vida crucificada como todas as outras pessoas, e, para que sejam homens de Deus íntegros e exemplos espirituais para o seu rebanho, eles têm de morrer a cada dia para as fascinações de seus pequenos reinos de posição e de prestígio.

Um dos maiores pregadores da época anterior à Reforma Protestante na Alemanha foi Johannes Tollar, que era certamente um evangélico antes do tempo de Lutero. Conta-se a história de que um leigo devoto, um fazendeiro de nome Nicholas veio do interior e implorou que o Dr. Tollar pregasse um sermão na igreja grande que falasse sobre a vida cristã mais profunda baseada na união espiritual com Jesus Cristo.

No domingo seguinte, o Dr. Tollar atendeu ao pedido. O sermão tinha 26 pontos, dizendo às pessoas como deixar os pecados e o seu egoísmo para glorificar a Jesus Cristo em sua vida diária. Era um bom sermão — na verdade, tive a oportunidade de lê-lo e endosso cada uma de suas linhas.

Quando o culto terminou e a multidão se despediu, Nicholas veio até ele lentamente pelo corredor.

Ele disse: "Pastor Tollar, seu sermão foi ótimo e quero lhe agradecer pela verdade que o senhor apresentou, mas estou perturbado e gostaria de fazer um comentário, se o senhor me permitir".

O pregador respondeu: "Claro que sim, ouvirei seu comentário com o maior prazer".

Nicolas lhe disse: "Pastor, hoje o senhor trouxe uma grande verdade espiritual para as pessoas, mas eu tenho a impressão de que o senhor estava pregando para os outros sem ter experimentado as consequências da aplicação desses princípios profundamente espirituais em sua vida diária. O senhor não está vivendo em completa identificação com a morte e a ressurreição de Jesus Cristo. Deu para perceber isso por causa da maneira que o senhor pregou — pude sentir isso".

Aquele homem culto e especialista acadêmico chamado Dr. Tollar não respondeu, mas logo se pôs de joelhos, buscando a Deus em arrependimento e humilhação. Por muitas semanas, ele não subiu ao púlpito para pregar — buscando sinceramente todos os dias a iluminação do Espírito de Deus para que a verdade objetiva viesse a ser uma experiência calorosa, profunda e renovadora dentro dele.

Depois do longo período de sofrimentos em sua alma, chegou o dia em que o reino de John Tollar chegou ao fim e foi substituído pelo reino de Deus. O turbilhão imenso do Espírito Santo veio sobre uma vida, e ele voltou à sua paróquia e ao seu púlpito para se tornar um dos pregadores mais fervorosos e eficazes da sua geração. As bênçãos graciosas de Deus vieram — mas, antes disso, Tollar tinha de morrer. Foi isso que Paulo quis dizer quando disse as seguintes palavras: "Fui crucificado com Cristo".

Tudo isso deve se tornar uma realidade na vida de todos nós que dizemos estar interessados na vontade de Deus para a nossa vida. Orem por mim, porque com certeza orarei por vocês — porque essa é uma questão inevitável se quisermos seguir ao nosso Senhor.

Podemos até citar esse versículo de cor, mas isso não basta. Posso dizer que sei o que Paulo quis dizer, mas isso também não é o suficiente. Deus promete transformar isso numa realidade em nossa vida a partir do momento em que abandonamos o nosso reino pequeno e egoísta.

10

Cristão, será que você não está se depreciando demais?

Aguardando a bem-aventurada esperança e o aparecimento da glória do grande Deus e nosso Senhor Jesus Cristo, o qual se deu a si mesmo por nós, para nos remir de toda iniquidade e purificar para si um povo seu especial, zeloso de boas obras.

Tito 2:13-14

O POVO DE DEUS, COMPOSTO por cristãos que vivem entre dois acontecimentos poderosos, que são a encarnação de Cristo e a Segunda Vinda que Cristo prometeu, não está vivendo em um vácuo!

É incrível que alguns segmentos da igreja cristã que negam a possibilidade da volta iminente do Senhor

Jesus acusem aqueles que acreditam na proximidade de sua vinda de ficarem sentados de braços cruzados, olhando para o céu e esperando o melhor de forma vaga.

Nada poderia ficar mais longe da verdade do que isso. Vivemos no intervalo entre as suas duas vindas, mas não vivemos em um vácuo. Temos muito o que fazer e pouco tempo para dar conta de tudo isso.

Use a sua mente e reflita sobre alguns fatos bem claros da nossa época.

Quem são os cristãos que deixam tudo para se apresentar às equipes nos campos missionários ao redor do mundo? Quem são os cristãos que ficam em casa e dão uma oferta de sacrifício para sustentar o grande impulso evangélico da pregação em toda parte? São justamente aqueles que creem fervorosamente que Jesus está vindo.

Que tipo de igrejas está ocupado orando, ensinando, fazendo doações, preparando os jovens para o ministério e para a obra missionária? São as igrejas que estão atendendo ao apelo de Cristo de "negociar até que ele venha".

Bem, nessa passagem, Tito apresenta uma doutrina cristã que é válida tanto com base na vinda esperada de Jesus Cristo quanto com base na preparação diante da morte.

Podemos encontrar nos registros dos metodistas pioneiros na Inglaterra, quando havia perseguição e provação por todo lado, que John Wesley podia dizer: "O nosso povo tem uma boa morte".

Em tempos mais recentes, tenho ouvido uma citação de um bispo denominacional que estima que cerca de dez por cento dos homens e das mulheres da membresia de sua igreja estão preparados para morrer quando chegar a hora.

Acredito que só se pode morrer bem quando se teve uma vida boa do ponto de vista espiritual. Essa doutrina da vida cristã e da vitalidade espiritual do crente conforme Tito propõe é totalmente válida diante de qualquer contingência que possamos encontrar pela frente.

Tito identifica rapidamente Jesus Cristo como o Salvador "que entregou sua vida por nós", e podemos logo aprender o valor de qualquer objeto pelo preço que as possas estão dispostas a pagar por ele. Quem sabe eu deva qualificar isso — podemos não descobrir o valor real, porque tenho por mim que o diamante ou outra joia não possui nenhum valor intrínseco.

Você pode se lembrar da história do galo que ciscava por todo o celeiro a procura de milho. De repente, ele raspou uma linda pérola muito valiosa que tinha sido perdida há anos, mas ele simplesmente a deixou de lado e continuou procurando por milho. A pérola não tinha nenhum valor para esse galo, embora tivesse um grande valor para aqueles que a avaliaram.

Existem vários tipos de mercado no mundo, e algo que não tem nenhum valor para uma pessoa desinteressada pode ser considerado de grande valia pela pessoa que o deseja e o adquire.

É nesse sentido, então, que descobrimos o quanto somos queridos e preciosos para Cristo, por causa daquilo que Ele se dispôs a entregar por nós.

Creio que muitos cristãos são tentados a se depreciar demais da conta. Não estou falando a respeito da humildade autêntica e a minha palavra para vocês é a seguinte: coloque-se para baixo o quanto quiser, mas sempre se lembre de que o nosso Senhor Jesus Cristo lhe atribuiu um grande valor — o suficiente para se entregar por você na sua morte e no seu sacrifício.

Se o Diabo realmente chega até você e sussurra que você não vale nada, não discuta com ele. Na verdade, você pode até admitir, mas depois o recorde do seguinte: "Independentemente do que você diz sobre mim, tenho que lhe dizer como o Senhor se sente a meu respeito. Ele me diz que tenho tanto valor para Ele que Ele entregou a si mesmo por mim na cruz".

Portanto, o valor é definido pelo preço que se paga — e, em nosso caso, o preço foi o nosso Senhor propriamente dito.

O resultado que o Senhor contemplava era que Ele pudesse remir a todos nós de toda a iniquidade, isto é, do poder e das consequências da iniquidade.

Cantamos com frequência um hino de Charles Wesley em que a morte do Senhor Jesus é explicada como a "cura dupla" para o pecado. Acho que muitas pessoas cantam esse hino sem perceber o que Charles queria dizer com essa cura dupla.

"Dupla cura ó vem ser/ De sua ira e seu poder". A ira de Deus contra o pecado e depois o poder do pecado na vida humana — eles dois precisam ser curados. Portanto, quando Jesus se entregou por nós, Ele nos remiu com uma cura dupla, nos livrando das consequências do pecado e nos livrando do poder que o pecado exerce sobre a vida humana.

Ora, Tito, em sua grande pérola de verdade espiritual, nos lembra de que o Cristo redentor proporciona uma obra purificadora ao povo de Deus.

Vocês têm de concordar comigo que uma das doenças mais profundas e disseminadas do mundo e da sociedade atuais é a impureza, e ela se manifesta por dezenas de sintomas. Temos a tendência de considerar algumas ações físicas lascivas e indecentes como as impurezas que atormentam a vida humana e a sociedade — mas a cobiça, as maquinações, o planejamento e as conspirações reais vêm de uma fonte bem mais profunda de impureza dentro da própria mente e na parte mais íntima do ser dos pecadores e das pecadoras.

Se fôssemos pessoas de mãos limpas e corações puros, teríamos a índole de fazer as coisas que agradam a Deus. A impureza não se restringe a alguma ação errada; a impureza consiste no estado de mente, de coração e de alma que é diametralmente oposto à pureza e à integridade.

O desvio de conduta sexual equivale a um sintoma da doença da impureza — mas o ódio também é. O orgulho e o egoísmo, o ressentimento e o mau humor vêm à tona na vida das pessoas que possuem uma mente e um coração impuros, do mesmo modo que a gula, a preguiça e o comodismo. Tudo isso e muito mais vem à tona como sintomas externos da doença profunda e interna do egoísmo e do pecado.

Devido ao fato de que isso é uma realidade na vida e na experiência, a obra espiritual de Jesus Cristo consiste em purificar o seu povo com o seu próprio sangue para os livrar dessa doença de raízes profundas. É por isso que Ele é chamado de "O Grande Médico" — Ele é capaz de nos curar do transtorno da impureza e da iniquidade, nos remindo das consequências dos nossos pecados e nos purificando da presença deles.

Ora, irmãos, ou isso é verdadeiro e realizável na vida e na experiência humana ou o cristianismo não passa de uma das maiores fraudes baratas de que se tem notícia. Ou ele consiste em uma opção verdadeira e confiável ou devemos fechar a Bíblia e colocá-la no mesmo nível da literatura clássica que não possui nenhum valor em particular diante da morte.

Graças a Deus que existem milhões que ousam se levantar como que cantando um grande refrão e gritam comigo: "É verdade! Ele realmente entregou sua vida para nos remir de toda a iniquidade e Ele de fato faz essa obra purificadora em nossa vida dia após dia!".

O resultado da obra purificadora de Jesus nada mais é que o aperfeiçoamento do povo do Senhor propriamente dito, que é referido nesta passagem como "povo peculiar".

Muitos de nós sabemos muito bem que essa palavra peculiar tem sido usada com frequência para encobrir condutas religiosas que são estranhas e irracionais. Sabe-se de pessoas que fazem coisas bem esquisitas e depois esboçam um sorriso acanhado e dão a desculpa esfarrapada de que são "um povo peculiar".

Qualquer pessoa que tenha interesse pela exortação e pelo ensino bíblico poderia rapidamente descobrir que, na linguagem antiga, a palavra "peculiar" identificava o povo remido de Deus, sem nenhuma conotação de extravagância, nem de ridículo, nem de insensatez.

A mesma palavra foi usada anteriormente em Êxodo 19:5, quando Deus disse que Israel seria "a minha propriedade peculiar dentre todos os povos". Essa era a maneira de Deus destacar que o seu povo seria para ele um tesouro acima de todos os outros. No sentido etimológico, significa "guardado para mim como uma joia especial".

Todo pai e toda mãe amorosa tem uma noção perfeita do que Deus quis dizer com isso. Existem bebês em várias casas em todas as ruas, como se pode perceber pelas roupas de bebê pelos varais das casas em um dia de verão.

Entretanto, na casa em que você mora, existe um bebezinho em particular, e ele é para você um tesouro peculiar acima de todos os outros. Isso não quer dizer necessariamente que ele seja o mais bonito, mas indica na verdade que ele consiste no tesouro que fica acima de todos os outros e que você não o trocaria por nenhuma outra criança do mundo. Ele não é nada senão um tesouro *peculiar*!

Isso nos dá alguma ideia, pelo menos, de quem nós somos — joias especiais que possuem a sua marca!

Portanto, Tito deixou bem claro algo que sempre caracterizará os filhos de Deus — o fato de que eles são zelosos de boas obras.

O escritor de Tito e todos os outros escritores que participaram da revelação de Deus por meio das Escrituras concordam neste ponto — o nosso Senhor nunca fez nenhuma provisão para todos os seus seguidores para serem cristãos "de camarote". O cristianismo da torre de marfim, um tipo de crença abstrata, composta simplesmente de pensamentos fofos e lindos, não traduz aquilo que Cristo ensinou.

A linguagem nessa passagem é clara: os filhos de Deus em Jesus Cristo, remidos por Ele ter entregado a si mesmo, os purificados e os transformados em suas joias especiais, ou seja, em um povo especial, são caracterizados por uma coisa — o zelo pelas boas obras.

Conforme descobrimos, esses seguidores de Jesus, por causa da graça de Deus, são zelosos de boas obras e na sua experiência diária eles vivem "vigiando". O cristão deve viver sempre na expectativa alegre da bem-aventurada esperança e da vinda gloriosa do grande Deus e nosso Salvador Jesus Cristo.

Ora, existe algo na teologia cristã que eu gostaria de compartilhar com vocês. Algumas pessoas dizem que não se importam com a teologia porque não conhecem nem o grego nem o hebraico. Não dá para acreditar que exista algum cristão que seja tão humilde a ponto de fazer questão de não saber nada de teologia.

A teologia é o estudo de Deus e temos um livro-texto muito maravilhoso — na verdade, 66 livros-texto apresentados em um só volume. Nós o chamamos de Bíblia. A ideia que quero passar é a seguinte: tenho observado com o estudo e com a experiência que, quanto mais uma verdade teológica ou doutrinária é vital e importante, mais o Diabo lutará e trará controvérsia sobre ela.

Considere, por exemplo, a divindade de Jesus.

Cada vez mais pessoas estão discutindo, debatendo e brigando por causa dessa verdade vital e fundamental.

O Diabo é esperto o suficiente para não desperdiçar seus ataques sobre os aspectos menos importantes e menos fundamentais da verdade e do ensino cristão.

O Diabo não fará nenhuma oposição ao pregador que treme de medo da sua congregação e se preocupa com o seu cargo a ponto de pregar somente por trinta minutos uma mensagem que se resume no seguinte: "Seja bom e você se sentirá melhor".

Você pode ser bom como quiser e ainda irá para o inferno se não colocar a sua confiança em Jesus Cristo. O Diabo não perderá seu tempo trazendo problemas para o pregador cuja mensagem se resuma a frase: "Seja bom!".

O crente, porém, vive na expectativa alegre da vinda de Jesus Cristo, e esse é um aspecto tão importante da verdade que o Diabo sempre tem se posicionado para lutar contra ela e ridicularizá-la Uma de suas maiores conquistas é a capacidade de fazer com que as pessoas briguem e se irritem a respeito da Segunda Vinda — em vez de vigiar e esperar por ela.

Suponha que um homem esteve fora do país por dois ou três anos, longe da família. De repente chega um telegrama para a família com a seguinte mensagem: "Terminei o meu trabalho por aqui. Chego em casa hoje mesmo".

Depois de algumas horas, ele chega na porta da frente e encontra os membros da família extremamente agitados. Houve uma grande briga sobre se ele chegaria à tarde ou à noite. Houve brigas sobre qual meio de transporte ele usaria. Por causa disso, não havia nenhum narizinho em frente a janela, nem ninguém foi capaz de ter a primeira visão do pai que estava voltando.

Você pode dizer: "Isso não passa de uma ilustração".

E qual é a situação em vários segmentos da comunidade cristã?

Eles estão brigando uns com os outros e vivem se encarando. Sempre debatem se Jesus está voltando, sobre como Ele voltará e se ocupam em usar o que eles consideram textos-prova sobre a queda de Roma e a identificação do Anticristo.

Irmãos, essa é a obra do Diabo — fazer com que os cristãos briguem por causa de detalhes a respeito de sua vinda para que eles esqueçam a coisa mais importante. Quantos cristãos estão tão confusos e desconcertados por causa das discussões que acabam se esquecendo de que o Salvador purificou para si mesmo um povo peculiar, esperando que eles vivam de forma sóbria, justa e piedosa, aguardando a aparição gloriosa do grande Senhor e Salvador.

Isso nada mais é que a epifania, que é uma expressão dentro da igreja cristã que se usa em referência à manifestação de Cristo no mundo.

Essa palavra é usada com dois sentidos distintos em 1 e 2Timóteo.

O primeiro é o que Paulo diz em 2Timóteo 1:8-10:

> Deus, que nos salvou e chamou com uma santa vocação; não segundo as nossas obras, mas segundo o seu próprio propósito e graça que nos foi dada em Cristo Jesus, antes dos tempos dos séculos, e que é manifesta, agora, pela aparição de nosso Salvador Jesus Cristo, o qual aboliu a morte e trouxe à luz a vida e a incorrupção, pelo evangelho.

Nesta passagem, temos o registro de sua primeira aparição, o brilho que surgiu quando Ele veio pela primeira vez ao mundo para abolir a morte pela sua morte e ressurreição.

Depois, o apóstolo, em uma de suas doxologias emocionantes e maravilhosas, declarou o seguinte em 1Timóteo 6:13-16:

> Mando-te diante de Deus, que todas as coisas vivifica, e de Cristo Jesus, que diante de Pôncio Pilatos deu o testemunho de boa confissão, que guardes este mandamento sem mácula e repreensão, até à aparição de nosso Senhor Jesus Cristo.

Paulo nesse texto também fala da Segunda Vinda, quando Cristo "a seu tempo, mostrará o bem-aventurado e único poderoso Senhor, Rei dos reis e Senhor dos senhores; aquele que tem, ele só, a imortalidade e habita na luz inacessível; a quem nenhum dos homens viu nem pode ver; ao qual seja honra e poder sempiterno. Amém!".

Quando leio coisas semelhantes a essas que nos foram concedidas pelo apóstolo Paulo, me vem à mente uma cotovia ou uma laverca que pousa em um galho, e explode de repente em uma canção brilhante. Paulo frequentemente nos surpreende com uma de suas edificantes atribuições de louvor a Jesus Cristo em meio a suas epístolas, e essa é uma delas.

Paulo recorda os crentes de que quando Jesus Cristo aparecer novamente, Ele se manifestará, sem sombra de dúvida, como a pessoa do Rei dos reis e Senhor dos senhores.

Paulo também tinha todo o cuidado para consolar as pessoas da igreja primitiva que tinham medo de morrer antes da Segunda Vinda de Jesus Cristo. Na verdade, havia crentes na igreja de Tessalônica que estavam preocupados por dois motivos, o primeiro é que eles achavam que o Senhor já tinha vindo e que eles tinham ficado. O segundo motivo é o pensamento que eles tinham de que eles morreriam antes de Jesus voltar, e que, por esse motivo, estariam perdendo as alegrias daquele momento.

Portanto, Paulo escreveu as duas cartas à igreja de Tessalônica para os alinhar na verdade a respeito da Segunda Vinda de Cristo.

"Porque, se cremos que Jesus morreu e ressuscitou, assim também aos que em Jesus dormem Deus os tornará a trazer com ele" — isto é, se vocês morrerem e forem estar com o Senhor, Deus os trará junto com Jesus em sua vinda — "Dizemo-vos, pois, isto pela palavra do Senhor: que nós, os que ficarmos vivos para a vinda do Senhor, não precederemos os que dormem. Porque o mesmo Senhor descerá do céu com alarido, e com voz de arcanjo, e com a trombeta de Deus; e os que morreram em Cristo ressuscitarão primeiro; depois, nós, os que ficarmos vivos, seremos arrebatados juntamente com eles nas nuvens, a encontrar o Senhor nos ares, e assim estaremos sempre com o Senhor. Portanto, consolai-vos uns aos outros com estas palavras".

Como podem observar, a explicação inspirada de Paulo nos instrui que aqueles que morreram antes da vinda do Senhor não terão nenhuma desvantagem. Se houver alguma diferença, são eles que estarão em vantagem, porque antes de o Senhor glorificar os santos que o aguardam por toda a Terra, Ele ressuscitará em corpo glorificado o grupo imenso de crentes que nos deixaram por causa da morte por todos os séculos.

Irmãos, esta é uma explicação bem clara do que o apóstolo Paulo nos diz nas instruções que foram passadas a princípio para os cristãos de Tessalônica.

Será que não temos o direito de pensar que é muito estranho que a maioria dos púlpitos cristãos fique sem dizer uma palavra a respeito dessa verdade gloriosa da volta iminente de Jesus Cristo? Trata-se de algo paradoxal que haja esse grande silêncio nas igrejas cristãs justamente na época em que o risco de ser arrebatado instantaneamente da face da Terra é maior do que sempre foi.

A Rússia e os Estados Unidos, as duas grandes potências nucleares, continuam a medir sua capacidade de destruição em termos de *extermínio em massa*. Trata-se de uma expressão terrível que nunca tinha sido usada na história em nosso idioma. Os cientistas tiveram de expressar o poder destrutivo praticamente inacreditável das bombas atômicas que se encontram em nossos arsenais — portanto, a expressão *extermínio em massa* é uma invenção do nosso tempo.

Tanto os Estados Unidos quanto a Rússia fizeram declarações a respeito do poder de extermínio em massa dos arsenais nucleares que é suficiente para matar cada homem, cada mulher e cada criança no mundo — não só uma vez, mas vinte vezes. Realmente, esse é um extermínio em massa!

Será que isso não é parecido como o que nosso velho inimigo, Satanás, quer fazer convencendo os santos no Corpo de Cristo a se envolver em discussões amargas sobre o arrebatamento antes ou depois da grande tribulação, pós-milenismo, amilenismo e pré-milenismo — bem na hora em que o extermínio em massa paira sobre nós como uma nuvem negra e ameaçadora?

Irmãos, esta é a hora e o tempo de o povo de Deus estar tão vigilante a respeito da esperança e da promessa da vinda de Cristo que eles devem acordar toda manhã como uma criança na manhã de Natal — disposta, acreditando que sua vinda deve ser hoje!

Em vez desse tipo de expectativa, o que encontramos por toda a igreja nos dias de hoje? Discussões a favor e contra a vinda de Jesus, sobre os detalhes do arrebatamento — e algumas chegando a gerar ressentimento. Por outro lado, encontramos grandes fileiras de cristãos que parecem ser capazes de ignorar despreocupadamente toda a questão sobre a volta de Jesus Cristo.

Poucos ministros se importam em pregar sobre o livro do Apocalipse — e isso também acontece com uma grande parcela das igrejas evangélicas e fundamentalistas! Temo-nos intimidado com o cinismo e com a sofisticação da nossa época.

Existem tantas anomalias visíveis e tantas contradições na sociedade e nas fileiras dos que se dizem cristãos que alguém com certeza escreverá um livro sobre isso.

Existe a anomalia da necessidade de conhecer melhor a outra pessoa para amá-la e entendê-la melhor. Milhões viajam e encontram outros milhões e se conhecem e, se essa premissa estiver correta, passaremos a amar uns aos outros como uma só família abençoada.

Em vez disso, nós nos odiamos uns aos outros de forma diabólica. É verdade que por todo o mundo as nações estão estranhando umas as outras em uma escala incrível e sem precedentes.

Mencionarei também outra contradição que é bem aparente. Os nossos educadores e sociólogos nos disseram que tudo o que tínhamos de fazer seria permitir que a educação sexual entrasse nas escolas e todos os problemas sexuais na sociedade que nos envergonham tanto desapareceriam.

Será que não se trata de uma anomalia estranha que a geração que mais ensina e discute as práticas sexuais do que todas as vinte e cinco gerações anteriores juntas é a geração mais detestável e pervertida nessa conduta?

Além disso, não é estranho que a própria geração que se espera ser destruída com a guerra nuclear é a geração que tem mais medo de falar sobre a vinda do Senhor e conversar sobre as suas promessas graciosas de libertação e glorificação?

Vocês achavam que eu não diria isso, mas vou dizer: que bando de esquisitos que nós somos! Eita geração esquisita!

Deus disse que recompensaria imensamente a perseverança santa e espiritual dos santos cristãos, mas como somos incoerentes quando deixamos que o Diabo e a nossa própria carnalidade nos confundam e nos misturem para que nos distraiamos da vigilância paciente com relação à sua vinda!

Por isso, vivemos no hiato entre dois acontecimentos poderosos — o da encarnação, morte e ressurreição de Cristo, e o da sua aparição definitiva e a glorificação daqueles pelos quais Ele morreu para salvar. Esse é o intervalo para os santos — mas não se trata de um vácuo. Ele nos deu muita coisa a fazer e pede que sejamos fiéis nesse período.

Enquanto isso, somos zelosos de boas obras, vivendo de forma sóbria, justa e piedosa neste presente século, olhando para Ele e para a sua promessa. No curso da nossa vida, e entre esses dois ápices da revelação de Deus no mundo, olhamos em retrospecto e nos lembramos, além de olharmos para a frente e termos esperança! Como membros de sua própria comunidade amada, partimos o pão e bebemos o vinho. Cantamos o seu louvor e oramos em seu Nome, fazendo um memorial e esperando.

Irmãos, isso me impulsiona mais do que tudo neste mundo. Trata-se de um privilégio tão abençoado que é mais lindo e satisfatório do que qualquer amizade, ou quadro pintado, ou entardecer, ou qualquer outra beleza natural: um olhar retrospectivo para a graça e para o amor de Deus enquanto trabalhamos de forma dedicada e alegremente esperamos — até que Ele venha.

11

Você ama ao Senhor sem nunca o ter visto?

Ao qual, não o havendo visto, amais.
1Pedro 1:8

Acho que pode ser dito com segurança sobre a família humana que é possível amar alguém que nunca vimos, mas é totalmente impossível amar alguém que nunca "experimentamos" de algum modo.

O apóstolo Pedro, que tinha visto Jesus Cristo na carne com seus próprios olhos, transmitiu a todos os crentes a certeza de que nos é possível amar o Salvador e viver uma vida que o glorifique mesmo sem nunca o ter visto.

Isso equivale a um apelo de Pedro semelhante a este: "Amem-no, trabalhem para ele e vivam para ele. Eu lhes dou o meu testemunho de que valerá a pena quando vocês virem a sua face — porque eu a vi com os meus próprios olhos, e sei como é que é".

Certa vez Pedro estava ocupado em suas tarefas da pesca na margem do mar da Galileia quando um homem passou por ele, um homem com um magnetismo maravilhoso, que tinha um rosto com aspecto maravilhoso. Quando ele agradavelmente acenou para Pedro, o grande pescador deixou tudo para o seguir e o acompanhou por três anos.

Pedro veio a conhecer pessoalmente o significado das lágrimas amargas e de um choro abundante depois de ter negado ao Senhor. Tenho certeza de que ele teve várias crises de choro quando seus pensamentos o levavam a lembrar do corpo ferido do Messias pendurado na cruz. No entanto, os seus olhos também viram Jesus depois que Ele ressuscitou, porque o Senhor se dirigiu a ele, pôs a mão em sua cabeça e o perdoou.

Pedro também o tinha visto antes na glória da transfiguração — a amostra da glória que aguardava o Filho do Homem. Por fim, Pedro estava junto com os outros discípulos quando Jesus se despediu deles e ascendeu ao céu partindo do Monte das Oliveiras. Tudo isso tinham sido incidentes na vida de Pedro que nada mais eram que experiências reais no seu relacionamento com a pessoa de Jesus Cristo, o seu Senhor e Mestre.

Portanto, Pedro tinha visto Jesus em carne e osso, e foi levado a escrever a pessoas desconhecidas espalhadas no exterior — os cristãos da dispersão — para os lembrar que eles deviam amar a Jesus Cristo apesar de não o terem visto na carne.

O próprio Senhor Jesus tinha dado seu próprio selo de aprovação e bênção sobre todos os cristãos que creriam nele, mesmo não o tendo visto no tempo em que Ele viveu sobre a terra. Ele disse o seguinte a Tomé depois da ressurreição: "Porque me viste, Tomé, creste; bem-aventurados os que não viram e creram!".

Acho que consiste em um erro da parte dos cristãos cultivar um tipo de remorso queixoso e pensativo de que eles não viveram há dois mil nos quando Cristo estava na Terra. Somos lembrados dessa atitude em um hino para crianças que a maioria de nós cantou em alguma época da nossa vida:

> Eu gosto de ler que o meu bom Jesus,
> Quando veio na Terra habitar,
> Com ternura as crianças nos braços tomou.
> Eu quisera entre elas estar.

Não quero aqui trazer nenhum protesto, como se me opusesse a essa canção, só não acho que ela tenha autoridade bíblica. Acredito piamente que Deus ordenou que realmente conheçamos a Cristo agora, e o amemos melhor que Pedro o amou quando o viu na terra, mesmo sem nunca o ter visto.

Ora, gostaria de falar a respeito da questão de "experimentar" alguma pessoa.

Em nossa raça humana, algumas pessoas infelizmente nascem sem a capacidade de ouvir e outras nascem sem o grande dom da visão.

Aquele que nasce sem a capacidade de ouvir ainda podem conhecer, experimentar e apreciar os parentes e amigos por meio da comunicação dos olhos.

Aquele que é cego, mas possui a capacidade de ouvir logo adquire a capacidade de experimentar e de conhecer aqueles que estão ao seu redor ouvindo a voz deles e descobrindo todas as cadências doces de afeto e amor por meio dos ouvidos.

Mesmo aqueles que possuem a deficiência dupla da surdez e da cegueira chegaram a experimentar, conhecer e apreciar outros seres humanos — como Helen Keller, por exemplo, que aprendeu a amar as pessoas sentindo seus rostos por meio de seus dedos sensíveis.

Conta-se a história de que quando Helen Keller era moça, ela foi apresentada ao grande tenor Caruso. Já que obviamente ela não conseguia ouvi-lo, ela pediu o privilégio de tocar seu pescoço e seu peito enquanto ele cantava uma de suas interpretações de árias de ópera favoritas. Suas mãos sensíveis experimentaram a gama extensa de vibrações da sua voz, e ela ficou encantada. Ela não conseguia ouvir a voz dele, mas ela o experimentou de uma forma bem incomum pela sensibilidade de seus dedos.

Tenho certeza de que é verdade que podemos amar pessoas que nunca vimos — mas é impossível amar alguém que nunca experimentamos de alguma maneira. Trata-se de uma impossibilidade completa para mim encontrar alguma reação emocional a uma pessoa que nunca tenha participado da minha experiência humana.

Por exemplo, será que tenho como amar Abraham Lincoln?

Bem, ele está morto. Respeito e admiro sua memória e honro suas grandes contribuições para o nosso país e para a nossa sociedade. Acredito que ele tenha sido um grande homem, mas não sinto nenhuma reação emocional, nem nenhum afeto pessoal por ele.

Se eu tivesse vivido na época de Lincoln e tivesse a oportunidade de manter alguma comunicação com ele, essa oportunidade de conhecer e sentir a grande profundidade da sua personalidade me proporcionaria com certeza um senso emocional de afeto e apego. Contudo, na realidade, simplesmente tenho informações a respeito de Lincoln. Nunca me comuniquei com ele.

Na verdade, existem pessoas que confessaram ter se apaixonado por outra por meio de cartas, utilizando o correio. É possível experimentar outras pessoas escrevendo cartas — você descobre o pulso da sua personalidade por meio das coisas que elas escrevem e a sua imaginação integra todas elas, e é bem possível experimentar um amor pela pessoa de alguém a quem nunca viu. Isso já aconteceu.

Deus achou adequado nos dotar de faculdades maravilhosas e misteriosas, e, desse modo, nós, seres humanos, somos capazes de conhecer, experimentar e amar pessoas que nunca vimos.

É por isso que Pedro podia testemunhar para nós a respeito de Jesus Cristo e dizer que poderíamos e deveríamos amá-lo, mesmo sem ter nunca colocado os olhos sobre sua pessoa em carne e osso.

Observe que Pedro não nos garantiu que poderíamos amar Jesus Cristo sem o conhecer na experiência, no Espírito e em sua Palavra.

Acho que uma das missões mais impossíveis no mundo é tentar criar algum amor a Cristo, o nosso Salvador, entre aqueles que recusam ou negam que existe uma necessidade de uma experiência espiritual definida de Jesus Cristo na vida do homem.

Não consigo entender as atividades de muitas igrejas — com seu exercício inútil de incentivar o amor e o interesse por Jesus Cristo em que não há ensino sobre o novo nascimento, nem nenhum ensino da redenção por meio do seu sangue, nem nenhuma dependência da iluminação espiritual mediante o Espírito de Deus.

Ninguém pode amar ao Senhor Jesus Cristo sem que o Espírito de Deus tenha lugar para o revelar em sua vida. Ninguém pode dizer que Jesus Cristo é Senhor se o Espírito não o capacitar por meio da vida e da experiência espirituais.

O conhecimento desse fato me leva a questionar como alguma congregação pode amar, servir e glorificar um Salvador cujo poder de salvação não é pregado em seu púlpito.

Pedro escreve que somos dedicados à glória daquele que não vimos, porque nós o amamos. Essa é a essência do cristianismo — conhecê-lo e amá-lo.

Jesus ensinou isto: "Esta é a vida eterna, que eles me conheçam". Portanto, o conhecimento de Deus é a vida eterna, e o conhecimento de firmar a vida de Deus no homem é a missão da igreja.

Trata-se de uma faceta maravilhosa do amor que sempre tenhamos a alegria e o prazer de fazer as coisas que agradam o ser amado. Acho que o cristão que realmente ama ao seu Senhor nunca se perturba nem se irrita no serviço que está fazendo para Ele. O Senhor sempre lhe dará prazer no serviço verdadeiro para Deus — e digo isso desta forma porque geralmente as características incômodas e entediantes do serviço cristão são acréscimos que foram trazidos pelas pessoas e pelas organizações. Eu me refiro a coisas que não possuem validade bíblica.

É sempre prazeroso e agradável dar elogios bem claros à pessoa a quem realmente ama. Vejo a prova disso no fato de que muitas vezes entre os avós que conheço, eles sempre mostram uma carteira ou uma pilha de fotos de seus netos lindos e talentosos — pessoas que eles amam de forma carinhosa.

Aqueles que realmente amam a Jesus Cristo encontram como um de seus grandes prazeres na vida ser capazes de simplesmente contar como descobriram seu grande amor por nós, e como estamos tentando retribuir esse amor e devoção enquanto o seguimos e o servimos pela fé a cada dia.

Ora, Pedro nos fala de um relacionamento íntimo com Jesus, e em todos os seus escritos geralmente fala de nosso Senhor Jesus Cristo. Ele conhecia Jesus e tinha sido instruído e ensinado por Ele. Existe reverência e dignidade na maneira pela qual ele sempre usava o nome e os títulos do Salvador.

O nome dele era Jesus porque foi dito a Maria o seguinte: "Lhe porás o nome de JESUS, porque ele salvará o seu povo dos seus pecados". O nome Jesus tinha o mesmo significado do nome de Josué, que é "Jeová salva".

Posteriormente, quando Jesus foi ao rio Jordão e foi ungido pelo Espírito Santo, ele obteve o título de Ungido, que expressamos em nosso idioma como Cristo. Esse é o seu nome o seu título — Jesus, o Cristo. Jesus, o Ungido!

Quando Jesus Cristo ressuscitou, Ele recebeu a precedência sobre todas as criaturas, estejam elas no céu, na terra ou no inferno. Sua posição exaltada com relação a todos os seres existentes lhe deu o título de Senhor, aquele que tem o direito, o poder, a sabedoria e a capacidade de soberania e de domínio.

Portanto, *Jesus* significa "Salvador", *Cristo* significa "ungido" e *Senhor* possui o mesmo significado do nosso idioma — aquele que por direito tem o domínio, e, neste caso, o nosso Senhor Jesus Cristo é aquele em torno do qual toda a criação gira.

Ora, antes de considerar mais um pouco sobre o lugar de Jesus Cristo na criação, gostaria de recordá-los de que toda a Bíblia e toda a vida da igreja que crê também dependem totalmente da revelação definitiva de Deus de si mesmo na pessoa de Jesus Cristo, o seu Filho.

Nosso Senhor Jesus Cristo era aquele que estava com o Pai, que era e continua sendo Deus, e que recebeu dele a missão de estabelecer o mistério, a majestade, a maravilha e a glória da sua pessoa por todo o universo. Não é por acaso que tanto o Antigo quanto o Novo Testamento utilizam o céu e a terra como figuras de linguagem ou de símile para definir a maravilha e a glória de Deus.

O Filho de Deus é descrito por praticamente todo nome justo e digno na criação. Ele é chamado de Sol da Justiça com cura em suas asas. Ele é chamado de a Estrela que brilhou em Jacó. Ele é descrito como vindo para a sua noiva, brilhante como a Lua. Sua presença é comparada com a chuva que vem sobre a terra, trazendo beleza e fertilidade. Ele é retratado como o grande mar e como a pedra de esquina. Ele é comparado aos cedros fortes. Faz-se uma figura de linguagem a respeito dele como de uma grande águia, que passa literalmente por toda a Terra, olhando para todas as maravilhas e para todas as belezas dos lagos, dos rios, das rochas, das montanhas e das planícies.

Irmãos, vocês têm toda a liberdade de consultar sua Bíblia com a certeza de que encontrarão a Jesus Cristo em cada uma de suas páginas. Tenho certeza de que foi desígnio de Deus que encontrem o Criador divino, o Redentor e Senhor toda vez que estudarem as Escrituras, e vocês não têm que "ler nas entrelinhas" da Palavra nada além do que já não se encontre nela de forma clara.

Nas passagens em que a pessoa de Jesus Cristo não aparece de maneira clara, linda e dominante, como um pinheiro diante do céu, você o encontrará por trás da grade, mas estendendo a sua mão. Se Ele não aparece como o sol brilhando com toda a sua força, Ele pode ser visto como a renovação das chuvas suaves que foram prometidas que cairiam do céu sobre nós.

Não me importo em dizer que sempre encontrei Jesus acenando para mim por todas as Escrituras. Não se perturbem com aqueles que dizem que as passagens do Antigo Testamento não podem ser reivindicadas pela igreja cristã. Deus nos concedeu a Bíblia como um todo, e Jesus se referiu em seus ensinos a muitas partes do Antigo Testamento que previram a sua pessoa e os seus ministérios.

A título de exemplo, gostaria de dizer que seria muito difícil para alguém viver e se adaptar ao mundo físico se seu corpo só existisse da cintura para cima. Ele estaria destituído de alguns órgãos vitais que são necessários para o sustento da vida.

De modo parecido, a Bíblia contém duas partes de uma revelação orgânica e é dividida de tal forma que o Antigo Testamento se constitui na Bíblia de debaixo da cintura e o Novo Testamento da cintura para cima. Isso pode lhe dar um entendimento da minha expressão de que temos uma Bíblia orgânica e, se a dividirmos em duas, podemos fazer com que ela sangre até a morte e podemos, na verdade, matá-la se a cortarmos.

Vamos ler a Bíblia como a Palavra de Deus e sem pedir desculpas em nenhum momento por encontrarmos Jesus Cristo por todas as suas páginas, porque Jesus Cristo é o assunto de toda a Bíblia.

Quanto aos homens que parecem ser capazes de pregar a Bíblia sem encarar Jesus Cristo como o caminho, a verdade e a vida necessários, só posso comentar que eles são mais cegos do que eu posso imaginar. Jesus Cristo, o Senhor Jesus Cristo nada mais é que a revelação do Pai — e o seu ser fez com que o registro escrito de Deus para o homem se tornasse tanto uma necessidade quanto uma realidade.

Ora, em nosso tempo, a igreja cristã parece ter uma variedade de interesses, mas, na verdade, ela só possui uma única razão para a sua existência — manifestar a vida, a misericórdia e a graça de Jesus Cristo. Estude o relacionamento entre o Corpo de Cristo e Jesus Cristo, a sua Cabeça, e logo perceberá que somente Ele é o motivo da vida, do testemunho e da proclamação da igreja.

Você entenderá que, quando falo a respeito da igreja cristã, não estou falando sobre nenhuma denominação em particular. A igreja de Cristo é a igreja dos primogênitos, comprada com o sangue dele. A igreja de Cristo inclui todos os crentes nascidos duas vezes que foram trazidos ao reino de Deus por obra do Espírito Santo.

Há um exemplo do que a igreja significa no capítulo 13 de Atos dos Apóstolos. Os cristãos tinham se reunido. Eles ministravam ao Senhor e oravam. Esse era o interesse principal e o ministério da igreja cristã, descartando qualquer pergunta sobre o problema de "qual denominação que estamos falando".

Sempre que encontrar o Senhor Jesus Cristo, a pessoa estará encontrando a igreja. O nosso Senhor Jesus e o grupo que se constitui no seu povo — é nessa comunhão que você encontrará a igreja de Cristo.

Há anos se explicou a capacidade de ensino de um educador da seguinte forma: Coloque esse professor-comunicador de um lado de um tronco e um garoto do outro — e imediatamente teremos uma faculdade.

Isso é bem mais válido quando Jesus Cristo pelo seu Espírito tem um encontro com duas pessoas do seu povo que crê, daí temos uma igreja! Isso acontece sem que haja manutenção, nem despesas, muito menos eleições, mas Jesus Cristo tem de ser o centro e a sua presença deve ser vivida em meio ao seu povo.

Alguns grupos cristãos parecem pensar que a doutrina vem em primeiro lugar. A doutrina é necessária para o entendimento de Cristo — mas um grupo cristão seria bem triste se tivesse apenas o destaque doutrinário e deixasse de reconhecer acima de tudo a presença de Jesus Cristo. Uma igreja que agrada a Jesus Cristo tem de se dedicar a honrar aquele que manifesta a maravilha e a glória de Deus.

Aqueles que se limitam a se envolver em atividades eclesiásticas não entendem nada — o próprio Jesus Cristo quer ser conhecido e honrado em meio ao seu povo, e esse é o significado da nossa vida e da nossa comunhão. Pedro diz que é verdade acima de tudo no meio da igreja que o honremos e o amemos, embora nunca o tenhamos visto. Então, na igreja cristã, os nossos objetivos e as nossas atividades devem ser somente aqueles que apontam biblicamente para o Cordeiro de Deus que tira os pecados do mundo e que ministra o bem-estar eterno para homens e mulheres.

Ora, vamos considerar a pessoa de Jesus Cristo e o seu mandato do Pai na criação de todas as coisas.

Em uma geração mais tranquila, quando as pessoas não tinham que se agitar nem se apressar para fugir do trânsito, os homens costumavam sair e se deitar olhando para as estrelas e dizer: "O que é o homem para que se lembre dele?". Agora é difícil enxergar alguma coisa em meio à fumaça e à névoa.

O homem moderno de vez em quando para o suficiente para pensar e se maravilhar com a criação do universo. Com o uso de duas palavras nessa passagem, as palavras "ao qual", que se referem a Cristo, Pedro apresenta a única resposta possível — "ao qual" a criação diz respeito — "Jesus Cristo, *ao qual* não o havendo visto, amais".

O crente em Cristo que vê na criação de todas as coisas a definição da glória e da maravilha de Jesus Cristo como Senhor e Soberano não terá mais dias sem santidade. Ele não terá mais a tendência de dividir a existência entre os interesses seculares e os interesses santos. Existe uma santificação divina de tudo quando o crente percebe plenamente que Deus fez sua criação como uma vestimenta para demonstrar o Senhor Jesus Cristo. Não acredito que nenhum cientista, nem nenhum educador, nem ninguém possa em algum momento conhecer ou compreender os mistérios profundos da criação sem admitir que existe alguém "ao qual" — ao qual devemos a subsistência de todas as coisas no universo imenso, aquele em que todas as coisas subsistem, como Paulo disse aos colossenses.

Irmãos, a criação é a definição de Cristo como Senhor e Soberano, porque Jesus Cristo nada mais é que o propósito de Deus na criação. Permitam-me fazer um apelo para voltar e ler novamente o primeiro capítulo de Ezequiel no qual o homem de Deus disse: "Vi os céus abertos, e tive visões de Deus".

Ezequiel teve uma visão incrível onde havia redemoinhos, grandes nuvens, um fogo e um brilho incomuns, de onde vinham quatro criaturas viventes, e as quatro tinham a face de um homem, a face de um leão, a face de um boi e a face de uma águia.

Ora, me parece que essas criaturas viventes que vinham do fogo misterioso servem como uma boa representação celestial e visível da criação, e de que o nosso Senhor Jesus Cristo, ao qual não vimos, é aquele que é o motivo de toda a criação.

Essas criaturas estranhas que saem do fogo demonstram até certo ponto como é o nosso Senhor Jesus Cristo. O profeta viu essa representação quádrupla dos rostos de homem, leão, boi e águia.

Há anos me chamou a atenção que essa divisão quádrupla do caráter de Jesus corresponde de forma incrível à apresentação de seus ministérios que está registrada nos quatro evangelhos.

Isso de modo algum se trata de algo novo, mas se reveste de um grande significado para aqueles que estudam a Palavra de Deus e para todos que amam ao Senhor Jesus Cristo em verdade.

Em seu registro, Lucas claramente estabelece seu destaque em Jesus homem. Mateus o destaca como leão e Marcos como um boi. O registro de João se refere a suas qualidades celestiais, que são representadas pela águia.

De fato, Jesus era um homem, e o registro de Lucas parece se encaixar particularmente com a cultura grega que de longa data buscou a perfeição da humanidade.

O registro de Mateus visa apelar para mente e o coração dos judeus, destacando o cumprimento real e messiânico das esperanças judaicas em Jesus Cristo, que é o motivo da figura do Leão de Judá.

Marcos apresenta um registro breve e uma narrativa bem próxima da vida de Jesus, homem de ação e poder, um obreiro poderoso. A representação na figura de linguagem é a da força e da fidelidade do boi, e o apelo, sem dúvida, era dirigido à mente ou à mentalidade romana de sua época.

Quando chegamos ao evangelho de João, observamos um destaque diferente. Lucas tinha acompanhado a genealogia de Cristo até Adão. Mateus tinha acompanhado os antepassados de Jesus até Abraão. Entretanto, João volta até o princípio de tudo e faz um apelo para que todo o mundo considere a necessidade de Jesus, o Filho de Deus, se fazer carne e habitar entre nós.

João, no seu registro, afirma que Jesus precede a todas as biografias e cronologias, ele volta ao princípio de tudo para definir a maravilha, o mistério e a glória de Jesus Cristo. Permitam-me compartilhar algo que tenho comigo — e que não tenho como provar.

Acredito que existe um tempo vindouro no plano de Deus quando se poderá ver com clareza que todas as leis da natureza e todos os seres que estão nela — os animais da terra e os peixes que nadam nos mares, as aves do céu, até mesmo os menores animais que saltam e se arrastam sobre a terra que murmuram no mesmo tom lamentável em meio à brisa da noite — são necessários para demonstrar pelo menos uma partícula da maravilha de Jesus Cristo.

Acho que você pode recordar quando Jesus enviou seus discípulos para trazer um jumentinho sobre o qual precisava montar com as seguintes palavras:

"Diga que o Senhor precisa dele". Mesmo esse jumentinho de expressão triste, cômico, de orelhas grandes, era necessário para demonstrar a glória do Messias Salvador naquele dia em que os gritos de "Hosana" brotaram das multidões que o admiravam.

Ora, eu não pretendia dizer isso, mas não deixarei de fazer a aplicação. Não quero deduzir que exista nenhuma relação entre nós e os animaizinhos, mas quero destacar que muitos homens e mulheres perderam toda a percepção do fato de que são importantes para Deus. Todos nós somos importantes para Deus para resplandecer a glória do Senhor Jesus Cristo.

Com a melhor das intenções, quero que vocês pensem mais sobre si mesmos. O meu apelo é que você deve amar a Cristo e posteriormente amar a si mesmo por amor a Cristo, porque você é importante. Não foi um acidente do destino que fez com que você fosse criado e remido — se você é crente. O seu Salvador e Senhor realmente precisa de você para resplandecer a sua glória e o seu louvor.

Dou graças a Deus que o reino de Deus não se divide em áreas para pessoas grandes e importantes e áreas para pessoas pequenas e sem importância. Todas as pessoas possuem o mesmo valor aos olhos de Deus.

Portanto, gostaria de chegar a esta conclusão: os cristãos podem viver em dois níveis.

Já foi revelado que os animais possuem um nível, enquanto os anjos vivem em um nível completamente diferente, e nós, os seres humanos, estamos em um nível intermediário entre os anjos e os animais. Nosso corpo é semelhante ao dos animais e temos alma como os anjos do céu.

Deus nos fez um pouco abaixo dos anjos, mas ele nos fez um pouco acima dos animais.

Temos um corpo que veio da terra, porém, nesse corpo humano precioso, à semelhança do corpo que o nosso Senhor entregou na cruz, nós também temos um espírito parecido com o dos anjos do céu. Quando Deus disse que seríamos feitos um pouco abaixo dos anjos, Ele não quis dizer que Ele fez a nossa parte espiritual um pouco inferior à dos anjos — não se trata disso! Ele fez o ser espiritual do homem mais sublime que o dos anjos, porque ele foi feito à própria imagem de Deus.

Portanto, é com esses dois níveis da nossa natureza humana que olhamos para Jesus. Esses olhos humanos e físicos nunca o viram. Esses olhos que contemplam como o cervo olha para fora do matagal — esses olhos nunca o viram.

Mas nós realmente o amamos, não é verdade? Isso é um fato — e a razão disso é que existe outro nível, que é a nossa outra parte. Existe o ser invisível, eterno e espiritual, que possui visão própria, e com esses olhos nós o contemplamos, o conhecemos e o amamos.

Irmãos, Pedro encoraja a todos os cristãos a conhecerem, servirem e amarem a Jesus Cristo agora, tendo o entendimento iluminado pela visão espiritual que ele nos concedeu. Vivemos para resplandecer a honra do nosso Deus em Jesus Cristo, até aquele dia gracioso do Senhor quando o veremos face a face.

12

Será que haverá algum preguiçoso no céu?

[...] e mostrou-me a grande cidade, a santa Jerusalém, que de Deus descia do céu. E tinha a glória de Deus...

APOCALIPSE 21:10-11

SERÁ QUE VOCÊ ESTÁ ENTRE aqueles que cultivam a ideia equivocada de que não haverá nada que o desafie na vida vindoura? Ou você se encontra entre os que leram o relato da Nova Jerusalém, a Cidade de Deus, e imaginaram que ela não passará de um refúgio de preguiçosos e de uma reunião interminável de seres entediados e indiferentes?

Permitam-me que os recorde da doutrina bíblica da imagem de Deus no homem. Digo isso ao senhor porque, se tirarmos o próprio Deus dessa comparação, a coisa mais próxima que existe de Deus no universo é a alma humana, e lhe prometo que naquele Grande Dia você não ficará sem ter o que fazer, porque o próprio Deus é o grande trabalhador — Ele é criativo, e tudo o que Ele faz reflete essa característica.

Deus não criou o céu, a Terra e todo o universo e depois pôs um ponto final nisso tudo e escreveu: "Missão cumprida — acabou!". Ele está sempre criando. Ele nos fez à sua imagem. Deus é o grande trabalhador sem limites, e nós somos os pequenos trabalhadores limitados, ou que vamos ao máximo dos nossos limites que ainda não descobrimos. Mas sempre recorremos aos nossos poderes criativos.

Na verdade, uma das glórias supremas do homem é a de que ele é um ser multifacetado. Ele pode ser, fazer e se envolver em uma variedade de interesses e atividades. Ele não é formado para fatalmente ser uma coisa só. A rocha é formada para ser rocha e será uma rocha até que os céus derretam com um calor fervente e a Terra deixe de existir. A estrela é feita para brilhar e sempre será uma estrela. A montanha que se eleva ao céu tem sido uma montanha desde o momento em que a última falha geológica a levantou. Por todos os anos, ela se reveste de um manto de força, porém sempre foi uma montanha — nada além disso.

Entretanto, o homem pode ser causa e efeito — servo ou senhor. Pode ser aquele que faz ou aquele que idealiza. Pode ser poeta ou filósofo. Pode ser como os anjos que andam com Deus ou como os animais que caminham sobre a terra. O homem é um diamante multifacetado para captar e refletir a glória do Deus único.

É essa versatilidade na natureza do homem que o capacitou tanto a desfrutar de momentos solitários quanto de momentos sociais. O ser humano comum precisa e desfruta desses dois extremos.

Jesus chegou a dizer: "Entra no teu quarto" —, isso indica um momento solitário.

O apóstolo em dado momento disse: "Não deixemos de congregar-nos". Isso indica a sociedade. É claro que essas palavras foram ditas para os crentes, e é claro que se espera que todo crente filho de Deus seja capaz de desfrutar, entender e apreciar tanto os momentos solitários quanto a companheirismo com o próximo.

Toda pessoa comum deve passar algum tempo a sós. Ela deve ter tempo e disposição para conhecer a si mesma. Ela tem de se posicionar diante do universo em que vive. Ela tem a bênção da tranquilidade para ordenar seu,s pensamentos como bandos de pássaros obedientes, refletindo com uma maior profundidade sobre as maravilhas do universo. Ela tem que conhecer melhor a Deus e a si mesma na solidão do seu próprio quarto.

Contudo, lembre-se de que para cada ação deve haver uma reação. Do mesmo modo que a Lua tem de sempre declinar depois de ter se levantado no céu e a maré tem de entrar em vazante depois de encher, a humanidade tem de alternar entre momentos sociais e momentos de solidão.

Depois de algum tempo de solidão, de meditação e de comunhão com o Deus vivo mediante o seu Espírito, a pessoa tem de buscar novamente se reunir com seus companheiros. É assim que Deus quis. Deus quer que todos estejam juntos em comunhão.

O fato é que Deus nos fez um para o outro, e é sua vontade e o seu desejo de que os crentes entendam e apreciem uns aos outros.

Nós nos perguntamos por que, então, temos tantos problemas para estarmos juntos?

Não dá para conversar por cinco minutos sobre a humanidade sem entrarmos em contato com a palavra feia e indelicada chamada "pecado". É o pecado, a doença da comunidade humana, que arruinou tudo. É o pecado que nos faz gananciosos, é ele que nos faz odiar. O pecado nos dá fome de poder, cria o ciúme, a inveja e todo tipo de cobiça.

Tudo o que se aproxima da paz na nossa sociedade acaba sendo destruído pela assolação do pecado, e os homens destituídos de Deus e da sua graça não têm como conhecer nem alcançar as bênçãos graciosas que vêm da paz verdadeira.

Entretanto, no estado final da humanidade, no estado definitivo de perfeição, quando estivermos livres de todas as doenças da mente e do ser, conviveremos desfrutando perfeitamente a presença um do outro e essa será a realidade da Nova Jerusalém, a cidade santa, que desce do céu da parte de Deus.

Será nessa sociedade abençoada que apreciaremos de verdade um ao outro e seremos reconhecidos verdadeiramente pelo que somos em Cristo. Nesta ordem atual da terra, parece que aquele que recebe toda a atenção, foco e consideração é quem é agressivo. Muitas pessoas dignas e esplêndidas nunca têm a oportunidade de enriquecer a vida e a amizade dos outros porque são pessoas quietas e altruístas que não se impõem. Outras pessoas são impedidas por características que podem não ser consideradas atraentes, e outras não possuem uma personalidade "cativante". Quando é que nós, seres humanos, aprenderemos que perdemos a riqueza de conviver com muitas personalidades compensadoras porque nos escapa o discernimento e a sabedoria?

No entanto, naquela situação definitiva, quando a Cidade de Deus descer, seremos capazes de apreciar uns aos outros de forma verdadeira. Se não fosse pelos efeitos mortificadores e corrosivos do pecado, a alma humana captaria e refletiria a luz de Deus como diamantes captam e refletem a luz do Sol, e conheceríamos um ao outro, porque veríamos no próximo uma parcela da natureza e da beleza de Deus. Deus é infinito! Ele não conhece limites e, por meio dele, poderemos conhecer um ao outro sem nunca se sentir cansados ou entediados.

Temos a garantia por meio da Palavra de Deus que naquele dia, quando as limitações da carne forem retiradas, as qualidades negativas em nossa personalidade se forem e as notas menos importantes forem retiradas da sinfonia da personalidade, agradeceremos a Deus uns pelos outros. Passaremos a conhecer mais a Deus por meio do próximo e a descobrir que somos simplesmente prismas e lentes por meio dos quais Deus brilha. Deus brilha de várias formas por todo o universo, mas creio firmemente que Ele brilha melhor na vida dos homens e das mulheres que Ele criou e depois redimiu.

O único problema que racha essas lentes e distorce a imagem é o pecado. É só o pecado que embaça a visão e estraga essa imagem, de modo que, quando olhamos uns para os outros, não conseguimos enxergar os potenciais de cada um com profundidade.

Quando o Senhor olhou para nós, Ele não viu somente o que nós éramos — Ele foi fiel em ver no que poderíamos nos tornar. Ele levou a maldição do ser e nos deu a bênção gloriosa da transformação. Os zombadores dizem que pau que nasce torto morre torto, mas Jesus Cristo disse o seguinte: "Não, ele não é o que sempre foi — mas o que ele pode se tornar".

É o Senhor Jesus Cristo que nos dá o poder de nos "tornarmos". O apóstolo João sentiu isso em suas palavras: "Ainda não se manifestou o que haveremos de ser. Sabemos que, quando ele se manifestar, seremos semelhantes a ele, porque haveremos de vê-lo como ele é". É a capacidade de ser transformado — de crescer, de mudar, de se desenvolver, de se dirigir para o nível da perfeição da personalidade humana — que consiste na glória da vida cristã.

Portanto, naquele dia quando a cidade santa descer, não haverá mais o flagelo do ciúme. Nenhuma personalidade naquele dia quererá trapacear nem escravizar seu semelhante. Não haverá ninguém com espírito de guerra ou força para marchar no território do outro, ou sujeitar as pessoas à sua ganância. Não suspeitaremos mais uns dos outros, não haverá mais prisões, nem tribunais para registrar nenhuma queixa rancorosa. A violência e os assassinatos acabarão, e, nessa sociedade, todos viverão de forma graciosa em unidade — não haverá favelas nem guetos, e não haverá condomínios fechados dos ricos com uma placa onde se lê "Não ultrapasse".

Muitos seres humanos preocupados têm dito: "Essa visão é boa demais para ser verdade". No entanto, está escrito: "Então, ouvi grande voz vinda do trono, dizendo: 'Eis o tabernáculo de Deus com os homens. Deus habitará com eles. Eles serão povos de Deus, e Deus mesmo estará com eles. E lhes enxugará dos olhos toda lágrima, e a morte já não existirá, já não haverá luto, nem pranto, nem dor, porque as primeiras coisas passaram'".

Todo aquele que tem amor e interesse pela raça humana dirá um "amém" calmo, porém fervoroso, para essa perspectiva de futuro com Deus e o homem habitando juntos e com essas coisas anteriores — lágrimas, tristezas, dor e morte — saindo de cena.

Damos crédito aos homens de todas as épocas da história que sonharam e ansiaram por uma sociedade humana perfeita. Eles queriam fazer com que o mundo fosse um lugar melhor de se viver, mas todos tiveram que se contentar somente com esse sonho. Todos os seus sonhos e as suas ideias utópicas foram detonadas e anuladas pelas forças humanas do orgulho e do preconceito, do egoísmo e do cinismo.

O sistema mundial no qual vivemos nunca poderá ser aperfeiçoado por uma regeneração social baseada nas esperanças, nos sonhos, nos pontos fracos e nos fracassos humanos. Observamos que o homem que estava no Espírito no dia do Senhor não se referiu a uma regeneração social. Ele disse de forma clara que esse mundo perfeito do futuro desceu do céu da parte de Deus. A condição irreparável do homem não pode ser aperfeiçoada por nenhum processo lento de regeneração social — esse aperfeiçoamento só pode ser realizado pelo processo milagroso da regeneração individual.

Na verdade, não existe "sociedade" de fato. É uma palavra que se estende e engloba todo um mundo de ideias, mas que, na verdade, eu sou sociedade, você é sociedade, e o vizinho da porta ao lado, o vendedor de jornais e o leiteiro, além do prefeito da sua cidade e do presidente, e o garoto de recados que faz as tarefas — isso é que é sociedade. Na verdade, ela se resume ao indivíduo, portanto, quando tentamos reunir os indivíduos e chamá-los de sociedade, estamos construindo um conceito falso. Temos a tendência de pensar na sociedade como um organismo, quando na verdade ela passa longe disso! Sociedade é um nome dado a uma quantidade grande de organismos individuais.

Foi por isso que Jesus Cristo repreendeu completamente qualquer ideia de regeneração da sociedade humana quando veio a este mundo. Ele disse a um homem: "Importa-vos nascer de novo". Ele também disse: "Porque, onde estiverem dois ou três reunidos em meu nome, ali estou no meio deles". Ele falou a respeito de um indivíduo em particular e depois exclamou: "Uma alma vale mais do que o mundo inteiro". Estude o Novo Testamento e encontrará Jesus continuamente colocando seu destaque sobre o valor do indivíduo.

Já que Ele era individualista, Jesus ainda ensinou claramente que haveria de forma definitiva uma sociedade dos bem-aventurados, uma assembleia dos santos, uma reunião feliz dos filhos de Deus. Haveria uma nova Jerusalém com os espíritos dos justos aperfeiçoados. Ele prometeu muitas moradas na casa de seu Pai para onde esses indivíduos — depois de regenerados — poderiam ir e formar essa sociedade santa.

É impossível falar às pessoas sobre bem-aventurança e santidade sem falar sobre a provisão da transformação espiritual que só Deus pode conceder. Todos sabem que existem forças mundiais no nosso tempo que destacam o nacionalismo a ponto de esquecer completamente o indivíduo — mas a única regeneração conhecida em todo o mundo é a regeneração individual. Muitos grupos eclesiásticos parecem fazer coro com os reformadores sociais e políticos no sonho de que a maneira eficaz de fazer com que a sociedade perfeita surja consista na reforma e redenção da própria sociedade — em vez da redenção da natureza humana do indivíduo que compõe a suposta sociedade.

O que a Bíblia diz? Ela diz que não haverá nenhuma alma nem um membro dessa população celestial que não tenha passado pela experiência mística e misteriosa da regeneração espiritual do novo nascimento de alguma forma, em algum momento de sua existência breve na terra. Terá que ser dito dessa pessoa, da maneira que Paulo fala do novo homem em Cristo: "As coisas velhas se passaram; eis que se fizeram novas".

Então, trata-se de algo mais do que uma simples coincidência o fato de que encontramos as mesmas palavras a respeito da Nova Jerusalém: "Eis que faço novas todas as coisas".

Por qual motivo o Espírito Santo diz a mesma coisa a respeito da Nova Jerusalém que Ele tinha dito a respeito do homem convertido? Porque a Nova Jerusalém será a cidade onde o convertido habitará! A Nova Jerusalém será cheia daqueles que puderam dizer enquanto estavam na Terra: "As coisas velhas se passaram; eis que se fizeram novas". Então, eles também poderão dizer: "Ele faz novas todas as coisas, e as coisas velhas se passaram".

O próprio Deus terá um plano gracioso para todos naquela grande cidade maravilhosa e eterna — e ela será uma cidade que satisfará toda a natureza humana.

Acho que muitos homens e mulheres são incomodados pelo pensamento de que eles são tão pequenos e insignificantes no esquema das coisas. No entanto, esse está longe de ser o nosso problema verdadeiro — na verdade, somos grandes e complexos demais, porque Deus nos fez à sua imagem e somos grandes demais para sermos satisfeitos com o que o mundo nos oferece.

Agostinho expressou esse problema na linguagem clássica quando disse: "Fizeste-nos, Senhor, para ti mesmo, e o nosso coração anda inquieto enquanto não descansar em ti". Essa expressão tem ecoado várias vezes e tem sido repetida em nossos hinos porque tem um fundo de verdade. O homem está entediado, porque é grande demais para se contentar com o que o pecado lhe oferece. Deus o fez grande demais, o seu potencial é muito poderoso. Na verdade, as pessoas não cometem suicídio porque são pequenos demais ou insignificantes, mas porque são pessoas gigantes em um mundo pequeníssimo. Deus criou o homem para que pudesse desfrutar de toda a imensidão do céu que Ele criou, mas o homem foi forçado pelo pecado a se contentar com o pagamento de seus impostos, com cuidar do jardim, consertar o carro, manter os filhos fora da cadeia e pagar as suas dívidas — isso sem falar de se contentar com ficar cada vez mais velho a cada dia. Ele não aguenta mais, nem mesmo um segundo! Seu corpo vai se desfazendo e o seu tabernáculo é pequeno demais para o espírito que habita dentro dele.

Essa é a razão pela qual os homens sempre estão tentando conquistar novos lugares. Isso explica o seu interesse em tentar visitar a Lua. Isso explica o motivo pelo qual queremos romper a barreira do som. Isso também explica, pelo menos parcialmente, por que Charles Linbergh pulou sobre uma lata velha e foi o primeiro homem a voar sozinho sobre o Oceano até chegar em Paris, do outro lado. Isso explica por que o Almirante Byrd desceu para a Antártida e Amundsen explorou a região do Polo Norte. Essa é a razão pela qual os homens sempre tentam o impossível. Isso explica por que nos aprofundamos nos segredos do universo e inventamos a bomba atômica — os homens são grandes demais para o mundo pequeno que o pecado o proporciona.

Contudo, a sociedade que Deus promete que vem de cima, essa grande Cidade de Deus satisfará verdadeiramente toda a natureza do homem. Esse dia será longo e dourado sem nenhuma nuvem, muito menos um entardecer. Será possível viajar para onde quiser nas regiões superiores sem que se encontre nenhuma ruga no rosto de ninguém, nem nenhum cabelo grisalho na cabeça. Você nunca ouvirá ninguém dizer: "Estou triste", nem ouvirá nenhuma pessoa tecendo qualquer crítica que seja. Você nunca encontrará nenhum homem rabugento, nem nenhum olhar maldoso. Você nunca ouvirá nenhum rugido saindo da garganta de alguém, nem nenhum grito de medo nem de espanto. Você nunca mais verá nenhuma lágrima rolando no rosto de uma pessoa.

Alguém pode me interromper dizendo: "Espera aí, Sr. Tozer! Essa é a ideia antiquada do céu, em que somos uma espécie de borboletas glorificadas batendo as asas suavemente em meio aos ventos que sopram das montanhas celestiais. Por que não haver algum desafio? Por que não deve haver algum propósito a seguir? Como os remidos ficarão ocupados?

Bem, posso deixar você bem à vontade quanto a isso, porque Deus prometeu que, na Nova Jerusalém, Ele providenciou todo que é bom, abençoado e útil e descartou e barrou somente aquelas coisas que ofendem.

Quando Deus colocou Adão e Eva no jardim, Ele não fez isso para que sentassem e ficassem olhando um para o outro enquanto dão as mãos. Ele disse que eles deveriam cuidar do jardim. Você lembra que — eles receberam uma tarefa. Algumas pessoas acreditam que o trabalho é resultado da maldição, mas isso não é verdade. Conta-se por aí que o homem que trabalha é um palerma, e que o trabalho é algo que só serve para tolos — mas Deus nos criou para o trabalho.

Como você sabe, os antropólogos dizem que, quando Deus fez o homem com os seus quatro dedos e um polegar do lado oposto a eles para agarrar e usar toda espécie de ferramentas e instrumentos, Ele garantiu que o homem conquistaria o mundo. Veja que Deus fez eu e você desse modo. Portanto, no momento em que você puder separar um tempinho para ficar sozinho, dê uma olhada na mão que Deus lhe deu, essa mão incrível.

A verdade clara é que, todo o maquinário, todos os aparelhos e todos os instrumentos que existem em sua casa nem de longe podem ser comparados à complexidade, à beleza de desempenho e à versatilidade de sua mão direita. Além disso, Deus não lhe deu essa mão para pendurar algum lustre na Nova Jerusalém — o propósito de Deus é que você trabalhe lá em cima.

Entretanto, esse trabalho será incansável — ficará bem longe de ser algo entediante. Será uma obra feliz ou cheia de contentamento. Um trabalho sem fadiga. Não sei o que Deus quererá que nós façamos. Quem sabe Ele queira que você faça algo ao seu alcance.

"Nosso Senhor era um trabalhador", diz um dos nossos hinos, e o nosso Senhor sempre está procurando por trabalhadores. Portanto, todos seremos trabalhadores, e não é preciso imaginar por nenhum segundo que não haverá nada para fazer no céu.

Porém, juntamente com o trabalho, o céu também se constitui em um lugar de descanso.

Daí você pode dizer: "Como você faz com que essas duas declarações façam sentido?".

Bem, você trabalhará e não se cansará. Jesus no momento trabalha, mas não se cansa mais. Ele descansa sempre enquanto trabalha. Portanto, os santos de Deus trabalharão.

O que foi que Kipling disse?

"Quando o último retrato da terra for pintado, e os tubos torcidos e secos; quando as cores mais antigas morrerem, e o crítico mais novo falecer, descansaremos precisando da fé estendida por uma era ou duas, até que o mestre de todos os bons trabalhadores nos ponha a trabalhar de novo."

Kipling continua dizendo o seguinte: "[Nos sentaremos] na cadeira dourada; salpicar-se-ão na grande tela com tintas e mechas de cabelo de anjos".

Não sei se os anjos têm cabelos — esse é o pensamento de Kipling. Ele achou que seria algo interessante para fazer — usar uma tela de cinco quilômetros em vez de uma miniatura, sentar-se e por mãos à obra.

Acho que neste sentido Kipling estava certo — o céu nem de perto é um abrigo para preguiçosos. O céu será um lugar onde os homens libertos dos conflitos e das inibições, das proibições externas e do pecado, e feitos à imagem de Deus, podem se dedicar a atividades à altura dos jovens deuses que são. Porque ele disse: "Sois deuses"—, Ele não quis dizer que vocês são Deus, mas que "vocês são minhas pequenas imagens, nascidas para fazer o tipo de trabalho que eu faço, o trabalho criativo".

Então, a Nova Jerusalém será uma oportunidade perfeita para todas as pessoas criativas, dedicadas e ocupadas — que, do mesmo modo que Deus, precisam se expressar.

Ah, como tudo isso é bonito! — como posso prosseguir? A beleza disso — que nada tem a ver com a beleza maquiada do rosto de uma mulher, nem a beleza de uma forma extremamente enfeitada, nem mesmo a beleza da prímula que sorri diante do brilho do Sol, mas a beleza grande, rica e forte da eternidade em Deus. Ah, como é linda essa cidade de ouro em seus ricos detalhes!

Bem no princípio de tudo, Deus fez com que o homem convivesse com Ele. O pecado veio, e Deus o divorciou de sua presença como uma esposa infiel. No entanto, mediante o milagre da redenção, por meio da cruz de Jesus Cristo, o homem nasce de novo para seu lugar antigo e é promovido do seu estado anterior.

Ora, por que não se menciona nenhum templo nesta passagem, ou mesmo uma igreja, uma sinagoga? Por que não existe nenhum local de reunião para os adoradores?

Isso se deve ao fato de que toda essa cidade nova de Deus equivale a um templo. O próprio Deus é o seu templo. Do mesmo modo que uma grande extensão com arcos lindos, o Deus Pai, Filho e Espírito Santo rodeia, firma e está no meio de toda essa multidão descontraída, ocupada e alegre. Nesse lugar, eles não precisam esperar uma hora para orar — todas as horas são horas de oração.

Não é necessário esperar para ir a algum lugar especial e orar — toda a cidade é um templo e a presença de Deus e do Cordeiro a faz assim. Não é preciso nenhuma luz artificial para clarear a noite, porque o Cordeiro é a sua luz.

Temos de refletir de maneira séria se estamos caminhando nessa direção. Cada um de nós tem de considerar se vencemos — pelo sangue do Cordeiro e a palavra do nosso testemunho — e fomos libertos da escravidão do pecado, ou se ainda estamos presos nele, debaixo de maldição, e quase sendo destruídos.

Essa é a realidade graciosa de nosso olhar para o futuro: somos filhos de Deus pela fé, recebemos um lugar nessa grande sociedade dos resgatados e recebemos a promessa de uma herança eterna nessa Cidade Grande porque o nosso nome está escrito no Livro da Vida do Cordeiro.

Sua opinião é importante para nós.
Por gentileza, envie-nos seus comentários pelo e-mail:

editorial@hagnos.com.br

Visite nosso site:

www.hagnos.com.br